PEÃO

ENTENDENDO SEU FILHO DE UM ANO

ubu

Sarah Gustavus-Jones

CLÍNICA TAVISTOCK

ILUSTRAÇÕES
Marcelo Cipis

COORDENAÇÃO DA EDIÇÃO BRASILEIRA
Luciana Pires

PREFÁCIO À EDIÇÃO BRASILEIRA
Florencia Fuks e Luiz Guilherme Florence

TRADUÇÃO
Humberto do Amaral

ENTENDENDO SEU FILHO DE UM ANO

NOTA DA EDIÇÃO BRASILEIRA

Luciana Pires

Chorar é sinal de saúde do seu bebê. Se você está se sentindo totalmente perdido/a, é porque está em sintonia com ele. Não há nada melhor para o fortalecimento do vínculo e o aprendizado emocional do que você e sua criança viverem juntos, quase sempre aos trancos e barrancos, uma experiência de desencontro seguida por remanso de reconciliação. Não só errar é humano, como errar compõe nossa humanidade.

É nessa toada que os livros desta nova edição da coleção Entendendo seu Filho conversam com os cuidadores de um bebê ou de uma criança pequena, construindo um ambiente de profunda delicadeza e ternura para com a infância, quem zela por ela e o próprio gesto de cuidar. São livros que cuidam de quem cuida, acolhendo a desordem e os sobressaltos iniciais dos quais toda vida humana depende e sempre dependeu.

"Eu sei, eu sei, eu fiz tudo errado." "Eu gritei com ele, eu me descontrolei." "Você precisa ver o que esse menino tem, não é normal chorar tanto assim." Diante de desabafos corriqueiros como esses, os livros da coleção sustentam que não é preciso se assustar, é assim mesmo: tudo parece de ponta-cabeça no início. E, desse modo, eles funcionam como um antídoto contra a tendência alarmista atual de transformar desajustes passageiros em diagnósticos definitivos. A ideia não é que você siga esta ou aquela diretriz, mas que seja reconhecido e sustentado no trabalho cotidiano e imperfeito de acompanhar o crescimento de uma criança.

Produzida pela Clínica Tavistock - referência internacional em desenvolvimento infantil, saúde mental e psicoterapia com crianças e famílias -, esta coleção tornou-se um clássico nos cuidados com a infância em todo o mundo, consagrando-se nos três momentos em que foi publicada: nos anos 1960, nos anos 1990 e, mais recentemente, em 2004 - edição que serve de base para esta tradução.

Fundada em Londres após a Primeira Guerra Mundial, a Clínica contou, ao longo de sua trajetória, com a colaboração de importantes psicanalistas, como Wilfred Bion, Esther Bick, Donald Meltzer e Anne Alvarez, e integra a rica tradição da psicanálise infantil no Reino Unido, da qual emergiram figuras como Donald W. Winnicott e Melanie Klein.

Várias décadas se passaram, não só desde a primeira publicação da coleção, mas também desde sua última atualização em inglês. Como sabemos, o campo dos cuidados com a infância é sensível às transformações culturais e históricas. E, nos últimos anos, mudanças significativas vêm ocorrendo em nossas concepções de estrutura familiar, identidade de gênero e métodos reprodutivos.

A coleção traz, portanto, o recorte cultural de seu tempo e lugar de origem, privilegiando, por exemplo, o modelo de casal heterossexual de classe média, com funções parentais preestabelecidas e bem delimitadas. A maneira como as crianças são descritas também deixa entrever, em certos trechos, pressupostos de gênero. Ainda assim, as ideias aqui reunidas sobre o cuidado seguem valiosas, desde que lidas à luz da pluralidade das experiências possíveis. O cuidado, afinal, pode assumir formas diversas em diferentes configurações familiares, e as crianças, por sua vez, também se desenvolvem em múltiplas direções.

Ao trazer esta coleção para o Brasil, buscamos manter sua força original, ao mesmo tempo que ponderamos a existência de contextos sociais, culturais e familiares distintos. Acreditamos que vale muito a pena a travessia, contanto que as experiências particulares sejam consideradas e respeitadas e cada um se acerque da riqueza de sua própria bagagem. Que a sabedoria suave desse outro tempo e geografia possa ir ao encontro de você com sua criança, envolvidos na sua própria cena de cuidado, e assim possibilite novos olhares sobre os desafios da primeira infância, com suas angústias, descobertas e laços em formação.

Esses livros se dirigem a todos os que acompanham o desenvolvimento de uma criança, sejam mães ou pais, avós, tios, padrinhos, vizinhos, profissionais de creche, educadores, agentes de saúde ou equipes multiprofissionais. O que está em jogo é a presença de pelo menos um adulto que se disponha a estar implicado na bagunça boa de toda criação. A coleção trata de mostrar a esse adulto que ele não está sozinho.

LUCIANA PIRES é mestre e doutora pelo Instituto de Psicologia da Universidade de São Paulo (IP-USP) e especialista em psicanálise pela Clínica Tavistock. Publicou o livro *Do silêncio ao eco: autismo e clínica psicanalítica* (Edusp, 2022) e organizou a obra *Françoise Dolto: cultura, psicossomática e clínica* (Blucher, 2023). Além de atender como psicanalista em consultório particular, coordena grupos de estudos em psicanálise e é supervisora clínica. É também coordenadora do Projeto Sustentar – Psicanálise, Infâncias e Saúde Pública do Instituto Sedes Sapientiae e do Projeto Criancidade, uma colaboração entre IP-USP / Mackenzie / Sedes.

PREFÁCIO À EDIÇÃO BRASILEIRA

Florencia Fuks e Luiz Guilherme Florence

A coleção Entendendo seu Filho, já publicada nos anos 1960, 1990 e 2000, revela uma potência atemporal. Os relatos e as provocações em torno de cada fase da criança nos relembram como é essencial acompanhar de forma atenta e sensível as nuances do desenvolvimento psíquico, sobretudo no início da vida.

Em tempos de ênfase quase exclusiva na neurociência e em suas recomendações práticas, essas obras oferecem uma abertura para outro conhecimento e para um encontro profundo que pode mobilizar pais, cuidadores e diversos profissionais da saúde.

Já de partida, quem lê recebe um convite para reduzir o próprio ritmo - ou o ritmo contemporâneo tão acelerado -, para ampliar a disponibilidade psíquica e, assim, usufruir de uma leitura fluida e consistente. Esta é uma das contribuições deste volume: dar às pessoas a chance de conhecer e reconhecer o rico percurso de desenvolvimento de um bebê de um a dois anos, deleitando-se com a beleza que atravessa a interação familiar - mesmo com os momentos de certa ambivalência e insegurança que, como o livro mostra, fazem parte dos percalços inerentes ao processo de criar um bebê.

Nesse contexto, convidamos a ter em mente alguns aspectos específicos dos tempos atuais para percorrer as próximas páginas com um olhar contemporâneo e situado no Brasil. Em primeiro lugar, vemos hoje as famílias se constituindo de forma cada vez mais diversa. Ao acompanhar famílias monoparentais, com casais homoafetivos, divorciados ou com os mais variados contornos, reconhecemos a potência do lugar parental, destacando assim a importância de fornecer à leitura um leque mais ampliado de possibilidades, que vá além da família mãe-pai-filho. Em especial, quando o texto destaca o papel da "mãe", entendemos que se refere a uma das funções estruturantes desempenhadas no cuidado do bebê, sendo ela ocupada muitas vezes pela mãe, mas que também pode ser associada ao pai ou a outro cuidador que assuma esse papel naquele encontro e naquele momento.

Este livro traz ainda uma questão relevante sobre o lugar dos pais e cuidadores na vida cotidiana do bebê. Hoje esse cotidiano é entrecortado por um universo digital portátil que a cada momento sequestra a atenção e a disponibilidade do adulto, invadindo os espaços de interação e deslocando, com registros de foto e vídeo, a presença do olhar e do sorriso, tão fundamentais para o sujeito em construção. Em tempos de intimação explícita a uma vida acelerada, o livro oferece a possibilidade de pausa, convocando os adultos a resistir ao desarranjo de estímulos para cuidar do tempo infantil, assegurando que a abertura da criança ao outro e ao mundo implique uma abertura a um outro que está lá, a um mundo real que a acolha.

Com isso, ao longo dos capítulos, podemos observar as minúcias características dessa fase com profundidade, sem perder de vista o aspecto prático dos desafios. A partir de uma descrição fiel dos ganhos no desenvolvimento da linguagem e dos primeiros passos, somos chamados a testemunhar o salto cognitivo e psíquico de um bebê que já começa a adquirir autonomia, tornando-se mais "dono de si" e colocando-se ele próprio no mundo.

Aqui, o texto destaca o lugar especial ocupado pela *interação* entre o bebê e o ambiente de cuidados, observando que o bebê é convocado mais pelo tom empático do cuidador do que pelo estímulo das palavras em si. Estar atento ao bebê – inspirando confiança, mas respeitando seu ritmo – promove um terreno fértil e fundamental para estruturar a autoconfiança. Nesse momento, inaugura-se nele um fascínio pelo mundo que impacta sua experiência de vida e seu funcionamento interno, e essa nova percepção de si e a possibilidade de ir e vir por escolha própria fazem o bebê sentir-se potente, embora também inquieto diante dessa mesma potência.

Naturalmente, esse processo afeta quem cuida, trazendo à tona as próprias contradições. Acompanhamos então diversos exemplos cotidianos, observando a beleza singular do brincar, considerando as múltiplas elaborações ali apresentadas. Refletimos, além disso, sobre a alternância de presença e ausência agora também atuada pelo próprio bebê. São igualmente tematizadas as reverberações dos novos espaços de cuidado na rotina do bebê: como escolher uma creche? Como o bebê percebe a transição entre os diferentes ambientes?

Nessa etapa ocorre, além disso, a releitura da cena alimentar, agora protagonizada por um bebê mais ativo e apto a escolher e recusar. A fome passa a ser outra, já não só pela comida, e a batalha com os cuidadores pode ser desafiadora. Esse contexto de construção autônoma tem efeitos palpáveis no sono, uma vez que o simples ato de adormecer constitui um dos processos mais concretos para o bebê elaborar a separação. Cabe, por fim, destacar o quanto isso tudo permeia a atitude e o comportamento do bebê. O livro dá lugar às crises de birra, situando-as no esquema mais amplo e sofisticado do desenvolvimento infantil, além de oferecer possibilidades de manejo. A garantia do olhar compreensivo de quem cuida, apreciando o sentido e a potência de tais atos, modifica completamente a vivência em si, para todos.

O Brasil de 2025, claro, não é o Reino Unido de duas décadas atrás: é preciso considerar as diferenças socioculturais entre os dois contextos, além das inovações tecnológicas e da diversidade de experiências no território brasileiro. Por exemplo, o acesso das famílias brasileiras ao sistema de saúde e aos especialistas, ou a redes de apoio, envolve discussões complexas que fogem do escopo desta coleção. No entanto, as diferenças em nada ofuscam sua relevância: o fato de ela continuar pertinente é o que faz dela um clássico.

Uma das grandes virtudes desta leitura, que a torna tão bem-vinda para quem cuida de bebês, é a qualidade de intervenção e a capacidade de mobilização. Todos os volumes da coleção ressaltam o olhar dedicado com prazer ao desenvolvimento infantil, reconhecendo de forma otimista o processo do bebê e destacando como o amadurecimento é movido e impulsionado a partir da interação viva entre adultos e crianças – interação que é descrita, questionada e ponderada ao longo da obra.

Este é um texto para ser lido e compartilhado, para que essa linda trama dos cuidados do bebê possa ser tecida a muitas mãos.

FLORENCIA FUKS é pediatra-geral da clínica Conviva Pediatria e Desenvolvimento e do Hospital Israelita Albert Einstein. Graduou-se em medicina e fez residência em pediatria na Faculdade de Medicina da Universidade de São Paulo (FMUSP). Atualmente é professora no Instituto Sedes Sapientiae.

LUIZ GUILHERME FLORENCE é médico pediatra e preceptor da residência médica do Hospital Infantil Sabará (Fundação José Luiz Egydio Setúbal – JLES). Graduou-se em Medicina e fez residência em pediatria na Faculdade de Medicina do ABC (FMABC).

PREFÁCIO

Jonathan Bradley

A Clínica Tavistock é reconhecida internacionalmente como um centro centro de excelência em formação, prática clínica em saúde mental, pesquisa e produção acadêmica. Fundada em 1920, sua história é a de um trabalho inovador. Com o objetivo original de oferecer tratamentos que pudessem ser usados como base para pesquisas sobre a prevenção social e o tratamento de problemas de saúde mental, além de transmitir a outros profissionais conhecimento de ponta, suas atividades posteriores se voltaram para o tratamento do trauma, para o estudo de processos conscientes e inconscientes em grupos e para um esforço importante e influente na psicologia do desenvolvimento. O trabalho da Clínica Tavistock com o luto perinatal apresentou aos médicos uma nova compreensão da experiência do óbito fetal e propiciou o desenvolvimento de novas estratégias de apoio a mães, pais e familiares enlutados. O desenvolvimento de um modelo sistêmico de psicoterapia nos anos 1950 e 1960 com enfoque na interação entre crianças, mães e pais e nas próprias famílias formou um corpo substancial de conhecimentos teóricos e de técnicas terapêuticas empregados na qualificação e na pesquisa em terapia familiar realizadas pela Tavistock.

A coleção Entendendo seu Filho ocupa um lugar importante na história da Clínica. Em inglês, teve três edições completamente diferentes: nos anos 1960, nos anos 1990 e nos anos 2000.Em cada uma, os autores se valeram de suas experiências clínicas e especializações para refletir sobre a história extraordinária do "crescimento comum", tal como observada e vivida na respectiva época. A sociedade passa por mudanças, é claro, e o mesmo aconteceu com esta coleção à medida que procurou compreender os relatos cotidianos sobre as formas como a criança em desenvolvimento interage com a mãe, com o pai, com os cuidadores e com o mundo de modo mais amplo. Porém, nesse cenário em mutação, algo vem se mantendo constante – certo entusiasmo permanente com uma visão do desenvolvimento que reconhece a importância de sentimentos e emoções intensos vividos em cada estágio do crescimento.

No primeiro volume, vimos as mudanças que acontecem no primeiro ano de vida, do colo aos primeiros passos. E mesmo esse período de apenas doze meses já sugere que o percurso desse desenvolvimento é complexo. O bebê que hoje arrisca os primeiros passos é acompanhado pela experiência de ter sido uma criança de colo até não muito tempo atrás, e isso pode ser difícil para ele e também para a mãe e o pai. Com quem estamos falando nessas circunstâncias: com a expressão pura de vulnerabilidade e estados mentais de pânico ou com os passos seguros rumo a uma maior competência, à autoconfiança e a uma melhor comunicação? Com uma abordagem comovente, Sarah Gustavus-Jones busca responder a essas questões e nos ajudar na tarefa de atentarmos a uma concepção de desenvolvimento capaz de tolerar e encontrar sentido nas súbitas intrusões de sentimentos e de eventos que aparentemente fazem parte do passado.

JONATHAN BRADLEY é psicoterapeuta infantil e coordenador-geral da coleção Entendendo seu Filho.

ENTENDENDO SEU FILHO DE UM ANO

INTRODUÇÃO

E, assim, o primeiro ano se passou. O bebê já viveu uma jornada incrível, iniciada como um recém-nascido que, dia após dia, cresceu até a relativa robustez de uma criança de um ano. Fazendo uma retrospectiva, nem sempre será fácil perceber como isso aconteceu.

A mãe de Simon falou sobre o primeiro ano de seu bebê como se essa época fosse pouco nítida, tal qual um sonho - enxurradas de atividade e de sentimentos intensos entremeadas por alguns momentos serenos de tranquilidade e alegria profunda, e nunca com a quantidade suficiente de horas de sono. Por vezes, pode parecer que as necessidades do novo bebê dominam tudo e todos em volta, e mães e pais talvez se sintam desesperados para terem algum tempo para si mesmos. A intensidade da relação mãe-bebê, tão extenuante de início, é essencial para a sobrevivência física e emocional de recém-nascidos muito novinhos. Eles precisam ser carregados, alimentados, limpos e reconfortados praticamente o tempo todo. Quando dormem, todos ao redor também costumam desmoronar de exaustão. Às vezes é o trabalho mais difícil do mundo, mas ao mesmo tempo o mais recompensador, ainda que seus custos emocionais quase sempre excedam todas as expectativas.

Com um ano, os bebês ainda são muito dependentes dos outros, física e emocionalmente, mas os desafios e as demandas mudaram. Pode não ser mais necessário (ao menos não o tempo todo) aquele cuidado intenso, completo e que antes parecia acontecer a cada segundo do dia. Porém, o esforço para entender seu bebê e responder de formas que o ajudem continua a ser uma preocupação fascinante e infinitamente desafiadora para mães, pais e cuidadores de crianças de um ano. Tudo isso acontece tendo como pano de fundo um processo emocional que começa no nascimento e continua por toda a vida, à medida que o bebê cresce e se torna uma pessoa separada, confiante e independente.

A mãe de Simon disse que foi só no aniversário de um ano que ela começou a despertar para o sentimento de voltar a ser ela mesma, e não apenas "a mãe de Simon". Por mais que amasse o filho e gostasse de desempenhar o novo papel, era bom recuperar alguns lampejos de perspectiva em sua vida. Enquanto a mãe falava, Simon estava sentado no chão, perto dela, absorto por toda a atividade e pelos rostos que o cercavam em sua pequena festa de aniversário. Parecia que ele também estava começando a adquirir um interesse próprio pelas coisas exteriores à intensa relação com a mãe. Do ponto de vista dele, e de sua posição segura próximo a ela, o mundo parecia cada vez mais fascinante.

Para uma criança de um ano, com o que o mundo se parece? E, quando um bebê não dispõe de palavras para nos explicar as coisas, como podemos tentar entendê-lo? T. S. Eliot se confrontou com esse desafio quando imaginou a si mesmo na mente de um bebê, em "Animula", de 1929. No poema, Eliot descreve um bebê que está se tornando criança e descobrindo coisas que o enchem de admiração e surpresa.

De vez em quando, deparamos com algo que encapsula nossa experiência de um modo arrebatador, por conta da precisão. Podemos estar lendo um livro, escutando um programa no rádio ou alguma música, assistindo a uma peça ou a um filme, visitando uma galeria ou simplesmente tendo uma conversa íntima. Então, de repente, a experiência, a sabedoria ou a imaginação de outra pessoa captura a essência de algo que nos é verdadeiro.

Nossa própria experiência nos é devolvida pela expressão de outra pessoa, e, como resultado, nós a entendemos de uma forma mais plena. O sentimento que isso desencadeia nos causa uma satisfação tão grande que quase não há palavras para descrevê-lo. É como se o fato de sabermos que somos compreendidos nos fundamentasse em nossa personalidade e, ao dar maior profundidade ao nosso caráter, nos ajudasse a nos tornarmos o que somos.

Talvez seja por isso que mães e pais persistam no esforço de entender o bebê enquanto cuidam das necessidades físicas dele. Parece haver nisso um interesse em conhecer melhor seu bebê real, na esperança de desenvolver a personalidade dele ao máximo ou de criá-lo para que alcance todo seu potencial. Não se trata de idealização ou sentimentalismo, mas de algo que, motivado pelo amor, envolve a interação num sentido genuíno com as experiências da criança - as boas e as ruins. Nesse contexto, está ligado ao reconhecimento do que é verdadeiro e real na vida e na personalidade do bebê, compreendendo-o e, com o tempo, ajudando-o a se conhecer e a se tornar cada vez mais o que ele é. Mães, pais e cuidadores são os artistas potenciais no mundo da criança pequena, e a criatividade envolvida em tentar compreendê-la, e, às vezes, ser bem-sucedido, pode ser tão enriquecedora e satisfatória para o adulto quanto é para o bebê.

1

ADMIRÁVEL MUNDO NOVO

COMO AS CONVERSAS COMEÇAM?

Quando alguém perguntou em que estágio começou a falar com a filha, a mãe de Ayesha pensou por um momento e, então, respondeu que fora antes do nascimento. Aparentemente, Ayesha fazia uma série de movimentos muitos rápidos e diferentes no útero da mãe, que, então, costumava passar a mão na barriga e perguntar o que a bebê estava fazendo. Como resposta, Ayesha silenciava e parecia "ouvir" a voz da mãe, que continuava a falar. Quando a mãe parava de falar e de passar a mão na barriga, os movimentos rápidos recomeçavam e cessavam mais uma vez quando a mãe voltava a falar e a acariciar a barriga. Esse tipo de "conversa" recíproca se tornou uma espécie de rotina noturna entre as duas nos últimos meses de gravidez.

A mãe de Ayesha se lembra, então, de que, quando foram para o hospital em trabalho de parto, tudo ficou subitamente quieto após um começo promissor. Como as coisas estavam progredindo devagar, a obstetriz sugeriu que a mãe conversasse com Ayesha para incentivá-la a sair – o mundo aqui fora era ótimo e não havia o que temer; ela poderia respirar o ar fresco e crescer até ficar grande. Assim, a conversa entre Ayesha e a mãe foi retomada e, depois de um tempo, o trabalho de parto avançou.

Talvez soe um pouco estranha, mas, para muitas mães e muitos pais, essa é uma história surpreendentemente familiar. É comum as mães, em particular, começarem a "conversa" por instinto. Pensando nesse contexto, qual é o significado do desenvolvimento das palavras e da linguagem para o bebê de um ano?

No caso de Ayesha, a "conversa" começou quando a mãe respondeu aos movimentos rápidos da filha com carícias na barriga. Ao mesmo tempo, questões como "O que você está fazendo aí?" pareciam mostrar que a mãe pensava em Ayesha e que, como resposta, tentava entender o humor da bebê e acalmá-la. A comunicação de Ayesha foi recebida e acolhida pela compreensão da mãe, que a envolveu em palavras e cuidado ao acariciar a barriga. Mãe e filha pareciam aguardar a própria vez de se comunicar e, depois, se revezavam na escuta. Esse sistema de turnos foi iniciado pela mãe, que agia como se estivesse mostrando à bebê ainda não nascida como uma conversa entre as duas poderia funcionar. Nesse estágio, o ritmo da escuta, de tentar entender e, em seguida, responder, parecia mais importante do que as palavras em si.

Algo semelhante foi descrito pela mãe de Louise. Quando tinha três meses, a bebê passava algumas horas por semana sob os cuidados de Nina, uma babá espanhola, para que a mãe tivesse um pouco de descanso. Nina contou à mãe de Louise que, quando a bebê parecia inquieta e com saudades da mãe, ela se pegava falando com a criança em espanhol. Ainda que o inglês de Nina fosse excelente, falar com a bebê em sua língua materna parecia mais natural e espontâneo e passava a impressão de acalmar e agradar Louise.

Em termos de atenção e dedicação ao bebê, nesse estágio ainda inicial o calor e o tom empáticos da conversa em si comunicam mais do que palavras específicas. Parece ser algo mais relacionado ao estado mental do adulto – aberto a abraçar a experiência do bebê, seja ela qual for. Uma mãe, um pai ou um cuidador atento aos próprios recursos internos e naturais – possivelmente ligados à sua língua materna – pode abraçar a experiência do bebê em conversas desse tipo, como Nina fez de modo tão prestativo com Louise. Também é interessante que, à medida que os meses foram passando, Nina sentiu que queria falar mais em inglês, como se as próprias palavras estivessem se tornando cada vez mais significativas para Louise conforme a bebê se aproximava do primeiro aniversário.

Similarmente, muitas mães, muitos pais e cuidadores estão convencidos do valor de falar com seu bebê pré-verbal. Eles relatam conversas longas e amigáveis sobre o preço das fraldas ou as possibilidades técnicas de desentupimento da pia da cozinha, conversas nas quais o bebê responde com gritinhos, gorgolejos e sorrisos em momentos significativos. Eles juram que, sem sombra de dúvida, muito antes de serem capazes de falar com palavras, os bebês gostam de ser incluídos dessa maneira. Como contrapartida, isso de certo modo mantém o bebê feliz enquanto, ao mesmo tempo, nos possibilita intervalos maravilhosamente úteis para atividades multitarefas. É evidente que seu bebê de um ano deixará claro quando a conversa começar a ficar chata. Nem mesmo nós, os adultos, precisamos de palavras para isso.

Entretanto, assim como aprender as regras básicas que regem a arte da conversação - o ritmo da espera pela sua vez de falar e a familiaridade com todo um vocabulário -, para os bebês, a coisa mais significativa nessas conversas é o sentimento de existir uma presença emocionalmente acolhedora. Enquanto para um bebê muito pequeno talvez não haja substituto para o colo da mãe quando sente necessidade de ser reconfortado, muitos bebês de um ano podem agora ser emocionalmente sustentados por palavras e frases durante um período significativo de tempo. Esse tipo de sustentação psicológica com palavras e sons de uma voz amigável e comunicativa é muito importante e traz implicações de longo alcance. Da mesma forma como sente que está sendo emocionalmente sustentado pela "conversa" em curso, o bebê reconhece algo na forma como as palavras são capazes de acolher e preservar a coesão de uma experiência. Mesmo que ainda não entenda o que todas as palavras significam, ele receberá a mensagem de que palavras têm sentidos e podem se relacionar a uma experiência de ser emocionalmente sustentado e acolhido pelos pensamentos de outra pessoa.

AS PRIMEIRAS PALAVRAS

Com o tempo, chegará o momento em que as primeiras palavras serão ditas. Alguns bebês começam a falar mais cedo que outros, mas, em geral, isso acontecerá perto do fim do primeiro ano. A evolução costuma ser marcada por um período de "balbucios" experimentais, com a junção de vários sons, e o bebê parece brincar e se divertir com eles: "B-b-b-b-b-b-b-b-b-b-b", "M-m-m-m-m-m-m-m-m-m", "P-p-p-p-p-p-p-p-p". Esses são alguns dos primeiros sons, e podem logo se transformar em "mamã" e "papá".

A mãe de Beatrice falou sobre as primeiras palavras bem definidas da filha, além de "mamã" e "papá": "pássaro" [*bird*] e "boa menina" [*good girl*], ditas perto do primeiro aniversário. "Pássaro" era uma palavra importante para as duas, pois, no primeiro verão de Beatrice, ambas haviam passado bastante tempo sentadas numa manta estendida sobre o jardim, vendo os pássaros e "conversando" bastante sobre eles. Desse modo, a mãe ficou encantada e ansiosa pelas palavras novas que surgiriam a cada dia. Mas na verdade o que aconteceu foi o oposto. Nos meses seguintes, Beatrice voltou aos balbucios. Ainda que a linguagem aparentasse estar presente na menina, talvez o momento não tenha parecido adequado para levá-la adiante. Quando disse "pássaro" uma segunda vez, foi para a avó, com a mãe por perto. Ela estava com cerca de catorze meses, e desta vez o "pássaro" veio acompanhado de uma chuva de novas palavras – "vaca" [*cow*] e "almoço" [*lunch*]. Era como se a bebê estivesse armazenando um vocabulário completo na cabeça, com termos que estariam disponíveis quando ela se sentisse pronta para usá-los.

Todo novo progresso do bebê de um ano tem um preço. O mundo da linguagem é uma alegria e pode nos ligar aos outros de uma forma maravilhosa e enriquecedora. Ao mesmo tempo, estabelecer essas novas ligações com os outros necessariamente significa maior distanciamento da intensidade da primeira relação mãe-bebê. Esse é um salto emocional e cognitivo importante, e os bebês precisam fazê-lo no tempo deles. Para Beatrice, as palavras pareciam representar sua capacidade cada vez maior de separar-se de modo seguro da mãe e de começar uma conversa com outra pessoa. Ela deu indicações de estar cognitivamente pronta para o uso de palavras antes de estar emocionalmente preparada.

Por isso, quando as primeiras palavras aparecem, isso pode ocorrer de modo particularmente hesitante em alguns bebês. É nesse estágio que mães, pais e cuidadores muitas vezes dedicam um tempo adicional para escutar o bebê com atenção, para tentar entender o que a criança está tentando dizer, para incentivá-la com gentileza e oferecer frases simples que possam ser usadas para manter a coesão dos pensamentos.

Foi mais ou menos o que aconteceu em uma conversa entre Jordan e sua tia. O bebê começou a sorrir, a rir e a apontar para baixo de seu cadeirão. A tia, que estava supervisionando o chá, perguntou para onde ele estava olhando. "Bola" [*ball*], ele disse com algum esforço, moldando os lábios ao redor da nova palavra. "Ah! Você disse 'bola'", ela respondeu, maravilhada. "Isso, é a sua bola vermelha." Quietos, os dois olharam juntos para a bola por algum tempo. Então ela perguntou, "Você gosta da bola?". Jordan deu um sorriso e, mais uma vez, disse baixo: "Bola". "Você gosta da bola", ela disse. O chá continuou, com vários comentários sobre a bola vindos de ambos os lados. Jordan parecia estar gostando muito da conversa e foi ficando cada vez mais confiante e falante a respeito da bola. Então, agitando os braços e gritando: "Bola! Bola! Bola!", parece enfim ter chegado ao clímax. Nesse momento, a tia perguntou: "Você está querendo segurar a bola vermelha? Você gosta mesmo dela! Quer que eu pegue pra você?".

Em geral, esse tipo de incentivo e atenção prestativos encontra mais espaço por ocasião do primeiro filho, que pode se beneficiar do luxo de que a mãe, o pai ou o cuidador dispõe de mais tempo para conversas individuais - e sem dúvida isso contribuiu para a confiança de Jordan. Em épocas mais turbulentas ou com mais crianças pela casa, os bebês frequentemente observam mais e só começam a falar mais tarde.

A mãe de Lucy brincou sobre as primeiras palavras da filha, que considerou pareceram captar bem a personalidade forte daquela criança de um ano. Na verdade, ela se lembra de duas palavras que parecem ter saído juntas: "Eu!" [*Me*] e "Não!" [*No*]. Lucy dizia um "não!" irredutível quando era colocada no cadeirão. Do mesmo modo, dizia "não!" quando alguém tentava vestir os sapatos nela, já que insistia que quem deveria fazer isso era "Eu!". O poder da linguagem não deve ser menosprezado. É muito empoderador ser capaz de dizer "não" a alguma coisa ou a alguém. É algo que pode transformar o mundo do bebê.

O MUNDO DA LINGUAGEM E DA IMAGINAÇÃO

Músicas e cantigas de roda usam a linguagem de um modo bastante atraente para crianças de um ano. Por volta da época em que Neha estava começando a falar, o pai costumava cantarolar "Nellie the Elephant" [Nellie, a elefanta] durante a hora do banho, à noite. Eles criaram um pequeno show juntos:

> PAI Nellie, a elefanta, guardou na mala a...
> NEHA Tomba!
> PAI ...e ao circo disse adeus. E assim ela se foi, trombeteando a trompa...
> NEHA Tomba! Tomba! Tomba!

Livros de cantigas de roda também podem ser relidos muitas e muitas vezes para bebês dessa idade, que adoram repetição. Parece ser uma forma satisfatória de começar a ter algum controle sobre a linguagem - ao saber o que vem a seguir, podemos começar a preencher as lacunas. Também há uma qualidade musical na linguagem das cantigas - assim como nas músicas - que parece torná-las particularmente atrativas, e a história contada pelos versos é curta, simples e abre espaço para a imaginação. Há vários livros de cantigas de roda com ilustrações lindas disponíveis em boas livrarias e bibliotecas. Às vezes, as versões em brochura são mais fáceis de serem manipuladas por mãos pequenas e também permitem que bebês que amam livros e são mais entusiasmados comecem a olhar as imagens com independência. Mas, a princípio, nada substitui o momento de sentar com o bebê para apreciar um livro infantil, lendo os versos em voz alta e conversando sobre as ilustrações.

Nesse estágio inicial, são bastante populares os livros com imagens descritas por uma única palavra. Ainda que não pareçam muito inspiradores na prateleira, os bebês que estão começando a falar parecem adorá-los, talvez por gostarem de entender seus formatos mais simples e por conseguirem entendê-los relativamente rápido. Apontar para a palavra, relacioná-la com a imagem e, depois, conversar em mais detalhes sobre o elemento retratado gera imensa satisfação, e não demorará para o bebê começar a "ler" o livro para o adulto. A sensação de conquista que essa leitura proporciona também fortalecerá a confiança do bebê e o ajudará a reconhecer palavras e linguagem como algo que está cada vez mais ao alcance. Músicas e cantigas de roda são igualmente valiosas e encorajam o desenvolvimento de uma base sólida para a linguagem.

Gradualmente, o bebê começará a se interessar por livros com histórias, mas comece pelas simples e respeite o que seu instinto lhe diz e acompanhe o ritmo do bebê – é importante fazer assim com tudo.

A mãe de Jack falou que ficava frustrada de o filho nunca se sentar por muito tempo em seu colo para os dois lerem juntos um livro. Sempre que ela tentava, o menino fechava o livro com as mãos e começava a se contorcer para ir para o chão. Com o tempo, ela decidiu não forçar mais nada e tentou aceitar que o filho simplesmente não tinha interesse por livros. Contudo, quando a questão deixou de ser sentida como uma dificuldade entre os dois, Jack de uma hora para a outra se interessou pelos livros por conta própria. Mas ele gostava de escolher as histórias.

Quando estão prontas para lidar com histórias, é fascinante ver como crianças muito pequenas se agarram a livros específicos. É provável que elas não escolham os livros que esperaríamos, mas vão pedir para lermos os escolhidos muitas e muitas vezes. Parece haver algo na história que inconscientemente lhes interessa de algum modo. É como se através dessas narrativas elas pudessem explorar os próprios sentimentos (que podem ser sentidos como avassaladores), porém a uma distância segura.

A mãe de Rachel contou que a filha sempre gostou dos momentos de leitura e que havia um livro em especial que ela adorava: *Avocado Baby* [Bebê abacate], escrito por John Burningham em 1994. A obra conta a história de um bebê que não comia muito. Um dia, a mãe, que àquela altura estava chateada porque o filho não estava crescendo e ficando forte, encontrou um abacate na fruteira. Ela esmagou a fruta e ofereceu a ele. O bebê adorou e, com sua dieta de abacates, desenvolveu uma força sobre-humana, estourou as fivelas do cadeirão, saiu empurrando carros, carregando compras, perseguindo ladrões e, de modo geral, salvando a família de desastres. Aos dezoito meses,

Rachel parecia achar o livro muito prazeroso e emocionante e voltava a ele sem se cansar.

Com livros, músicas e cantigas de roda, as mães, os pais e os cuidadores introduzem o bebê à criatividade da linguagem e da narrativa. Assim, reforçam o entendimento do modo como a linguagem pode ser usada para dar coerência a uma história - a história do bebê ou, talvez, a de outra pessoa. Assim como o bebê depende de nossas palavras e de nossa compreensão para atribuir sentido à própria experiência, também algumas narrativas podem ser reconhecidas como formas de sustentar as experiências de modo similar. Mais tarde, os bebês aos poucos perceberão que eles também têm acesso à criação das próprias histórias - com a linguagem e a imaginação - e que podem trabalhar os próprios sentimentos nesse processo, bem como imaginar a si mesmos no lugar de outra pessoa. Ao desabrochar como autores de suas narrativas, eles podem começar a ampliar ainda mais essas histórias com o desenvolvimento do brincar imaginativo.

PRIMEIROS PASSOS

Peter tinha apenas três anos quando nasceu a irmã mais nova, Christine. Parecia que ele tinha aceitado a nova situação sem muito escarcéu e, conforme a irmã foi crescendo, gostava do modo como Christine o seguia pelo quarto com um olhar de adoração. achando-o a pessoa mais fascinante do mundo. Os dois até começaram a brincar no mesmo quarto. Com frequência, a mãe deixava um tapete limpo e macio no chão para que Christine se deitasse, com uma coleção de brinquedos de bebê ao redor dela. Peter ficava ali perto com os brinquedos dele, praticamente no comando. Daí, um dia, tudo mudou. A mãe descreveu a voz horrorizada com que Peter berrou com urgência pela mãe diante do que estava testemunhando: "Mamãe! Ela está se mexeeendo!".

Tudo muda quando o bebê começa a se deslocar sozinho. Assim como cada bebê aprende a falar numa época diferente, também os primeiros movimentos se dão em momentos distintos, ainda que em geral algum tipo de engatinhar aconteça por volta de um ano.

Susan começou a engatinhar alguns dias depois de seu primeiro aniversário. Quando mais tarde, naquela mesma semana, a família recebeu uma visita, o pai ficou ansioso para que a filha demonstrasse o que havia aprendido. Ele pôs Susan no chão e, com os braços abertos, chamou-a para que viesse até ele. A bebê se virou, olhou para o pai e, contente, começou a engatinhar no sentido oposto, arrastando uma perna mais do que a outra, mas manobrando de forma muito eficiente. Ela olhou para o visitante e sorriu. O pai se abaixou ao lado dela e a chamou mais uma vez, com os braços esticados. Sorrindo para ele, ela se acomodou em posição sentada para encará-lo de onde estava.

Deve ser maravilhoso o sentimento de estar no comando, de escolher para onde você vai. O mundo fica maior. A forma como nos deslocamos parece menos importante do que o fato de nos deslocarmos. Outro pai falou com afeição sobre como o filho havia recentemente se juntado ao Ministério das Engatinhadas Ridículas.[1] Algo que se assemelhava mais a um exercício de

---

1 Referência à esquete "Ministry of Silly Walks" (Ministério dos Passos Ridículos, em tradução livre), do grupo britânico Monty Python, em que o ator e comediante John Cleese interpreta um burocrata que intercala seus passos com pequenos trotes, aberturas exageradas das pernas, saltos e outras acrobacias. Seu trabalho é analisar pedidos de alocação de recursos públicos para o desenvolvimento de outras formas estranhas de caminhar. [N.T.]

arrastamento de bumbum, mas que era rápido e eficaz. Muitas vezes, as crianças preferem engatinhar com velocidade a lutar com as dificuldades de caminhar e manter o equilíbrio. Algumas ficarão de pé orgulhosas, senhoras de tudo até onde a vista alcance, entretanto não tentarão pôr um pé à frente do outro. Outras insistirão em se agarrar a uma mão adulta. Seria isso só algo físico, ligado à conservação do equilíbrio? Ou também teria a ver com a segurança de ter um adulto especial por perto enquanto damos os primeiros passos rumo a uma vida claramente mais separada e independente?

O processo de aprender a andar e sentir-se confiante o bastante para dar os primeiros passos é tanto psicológico como físico. É mais um dos grandes saltos emocionais, cheios de conflitos, a serem dados pelo bebê. Só há um caminho adiante, contudo é inevitável que algo seja deixado para trás. Que maravilha é andar, mas estaria o bebê se afastando da época em que era um nenê de colo? À medida que começa a ensaiar esses primeiros passos, pode ser que ele precise voltar até você repetidas vezes para receber abraços e ser tranquilizado. De fato, pode ser que seja exatamente nessa hora - quando estão andando cheios de confiança e iniciando uma jornada por conta própria - que os bebês também fiquem, pelo contrário, mais grudentos de vez em quando.

GANHANDO AUTOCONFIANÇA

É comum nos espantarmos quando o bebê que irradiava confiança pela manhã passa a tarde inteira agarrado à nossa saia ou à nossa calça. Mas isso é natural. Mesmo que o bebê de um ano possa parecer ousado de vez em quando, um ano ainda é muito pouco. Seu bebê só conseguirá ganhar confiança com a repetição da experiência de se afastar da mãe ou do pai, de se reaproximar para que seja reconfortado e encontre aquilo de que necessita e, depois, de se afastar de novo. O bebê precisará de um adulto que esteja lá sempre que for preciso, firme como uma rocha, e que possa oferecer apoio físico e emocional para lidar com a vida e com o que lhe será apresentado em dado momento. Os movimentos rumo à independência são experimentais, porém, quanto mais sucesso for alcançado nesse estágio, mais confiante o bebê ficará.

O que parece necessário é que de algum modo o bebê carregue consigo a voz de encorajamento da mãe ou do pai durante as pequenas jornadas que fizer longe dos adultos. O incentivo dessa voz interna pode, então, apoiá-lo emocionalmente e lhe dar coragem para iniciar as próprias incursões - soltar a mão da mãe ou do pai e explorar um canteiro de flores no parque, aproximar-se de outra criança na biblioteca e assim por diante. Mais uma vez, o que estimula o bebê a seguir em frente parece ser a atitude de estar atento a ele e apoiá-lo com confiança, mas respeitando seu ritmo.

A mãe de Eryl foi se encontrar com algumas amigas próximas e o levou, assim como a irmã de quatro anos. As outras mães também iam levar os filhos, e a maioria dessas crianças tinha mais ou menos a idade da irmã, enquanto Eryl tinha apenas dezessete meses. O dia estava ensolarado e as crianças mais velhas correram para o jardim, enquanto as mães ficaram sentadas na casa, ao lado da porta que dava para o quintal. Eryl fez algo que não era habitual: saiu do lado da mãe para se unir às crianças. Era a primeira vez que ele parecia marcar seu lugar como parte de um grupo de crianças, e todos os adultos comentaram isso. Contudo, sua mãe também percebeu que, enquanto as outras crianças não voltaram para dentro pelos próximos trinta minutos, Eryl reaparecia e estabelecia algum tipo de contato breve com ela mais ou menos a cada cinco minutos antes de voltar a se aventurar pelo quintal com confiança renovada.

Dentro da própria casa, um bebê de um ano tende a ser ainda mais aventureiro. Depois que ele ou ela aprender a se deslocar com mais seriedade, nada mais será como antes. O ambiente doméstico provavelmente precisará ser à prova de bebês, e pode ser que isso pareça uma operação de proporções gigantescas. Do ponto de vista de Peter, a única coisa que realmente precisava ser protegida e mantida fora do alcance de Christine eram os brinquedos dele. Bebês pequenos são uma coisa, mas bebês de um ano que conseguem andar são outra, bastante diferente. Felizmente, o fator entretenimento costuma equilibrar a equação, e irmãos mais velhos se divertem mais com seus irmãos de um ano à medida que crescem. Mas é incrível quantas potenciais ameaças pode haver no ambiente doméstico e, caso mães e pais fiquem preocupados com a segurança, é muito mais fácil tornar a casa à prova de bebê de uma só vez, de modo rápido e abrangente, do que se desgastar tentando adaptar as coisas conforme a criança começa a alcançá-las (e tudo isso enquanto engatinha ou sai andando em velocidade máxima). A outra opção é tentar ensinar o bebê a não entrar em armários específicos ou tirar vasos de vidro de cima das prateleiras. Mas nesse caso poderemos nos pegar dizendo "não" quase o tempo todo, e há grandes desvantagens nisso.

A mãe de Marie sempre tentou proporcionar uma coleção de brinquedos interessantes para a filha brincar. No entanto, quando ambas estavam na cozinha, mesmo que os atuais brinquedos favoritos de Marie estivessem à disposição, ela sempre engatinhava para um armário em particular e, para preocupação e exasperação da mãe, começava a tirar de dentro todos os utensílios de cozinha. Ao longo de um único dia, a mãe se pegou dizendo "não" para Marie inúmeras vezes enquanto corria para tirar os objetos do alcance da bebê. Marie também ficava aborrecida e frustrada, e não havia como persuadi-la a brincar com outra coisa. Mais tarde, depois de conversar sobre o assunto com uma amiga, a mãe decidiu encher o "armário da Marie" com objetos de cozinha que fossem seguros para brincar e que poderiam ficar espalhados pelo chão sem problemas. De vez em quando, a mãe incluía um objeto novo no armário, só para variar. Esse novo arranjo funcionou muito melhor para as duas.

Como já dissemos antes, é empoderador para o bebê aprender a dizer "não". E isso é mais forte sobretudo quando ele ainda é muito pequeno e quando há muitas limitações a respeito do que pode fazer e do que deixamos que faça sozinho. Contudo, como bebê de um ano e criança em crescimento, haverá muitas ocasiões em que será absolutamente necessário e útil que digamos "não". Mesmo assim, ser o destinatário de um "não" pode ser frustrante e depreciativo. Mães, pais e cuidadores frequentemente reconhecem isso e, assim, tentam limitar o "não" aos casos de fato necessários. Uma casa à prova de bebê significa que a criança poderá explorá-la em segurança, como Marie pôde fazer, com o consequente ganho de confiança. Você não terá que dizer "não" com tanta frequência e todos poderão ficar mais tranquilos.

Também há um motivo psicológico para dizer "não" apenas quando for mesmo necessário. As primeiras explorações pela casa toda têm um significado muito mais profundo do que as incursões que acontecem apenas no armário da cozinha. O mundo do bebê continua a se expandir quando ele ou ela consegue ser fisicamente mais aventureiro. Caso a curiosidade esteja viva e ativa, a criança procurará conhecer o máximo possível sobre a casa e sobretudo o que está dentro e ao alcance dela. A mente curiosa é aquela que cresce e se desenvolve na direção certa - e mães e pais não querem dizer "não" para isso.

2 O VALOR DA EXPLORAÇÃO

COMEÇANDO A CONHECER A MÃE E, DEPOIS, O MUNDO

A primeira relação importante do bebê é com a mãe.[2] Essa relação começa antes mesmo do nascimento, à medida que o bebê vai crescendo dentro dela. Nesse momento, a vida dele é sustentada por ela. Depois do parto, a mente do bebê aos poucos passa a reformular questões sobre todo tipo de coisa. De modo bastante natural, a mãe se torna o primeiro objeto de fascínio e curiosidade. A intensidade desse primeiro relacionamento entre os dois viceja com base na curiosidade sem fim do bebê pela mãe. Podemos imaginar as questões que passam pela cabeça dele: como a mãe é por dentro? Como o peito dela fica cheio de leite? Como ela está se sentindo agora? O que são o coração e a mente dela? Quem ela ama? Quem toma conta dela? E assim por diante. Se esse tipo de curiosidade intensa puder ser tolerado sem grandes preocupações pela mãe e pelo bebê, então ele se sentirá confiante para levar essa curiosidade ainda mais longe.

Para o bebê de um ano, o mundo está crescendo. Andando ou engatinhando, ele tem mais oportunidades para a exploração independente. O que começou como um fascínio por tudo o que estivesse ligado à mãe pode agora ser transferido para um fascínio e uma curiosidade por todo o resto. Mães, pais e cuidadores que consigam incentivar esse interesse também oferecerão, ao mesmo tempo, apoio ao desenvolvimento emocional e psicológico da criança - ajudarão a fazer com que ela siga em frente e se envolva com entusiasmo com o mundo. Os adultos apoiarão a criança rumo a uma vida segura e independente. Esse processo, porém, pode ser complicado.

---

2 Entenda-se "mãe", neste contexto, como a cuidadora ou o cuidador principal. [N.E.]

Algumas mães, ou cuidadores principais, acham difícil perder a intensidade da relação inicial e às vezes sentem que a independência cada vez maior do bebê é um ataque pessoal, como se ele não se importasse mais tanto com elas. Isso pode acontecer em especial no caso do caçula de uma família, talvez o "último" bebê na cabeça da mãe. O bebê consegue perceber a dor dela e, como resposta, deixa de ser tão aventureiro quanto seria em outras circunstâncias, ou então preserva certos comportamentos e maneirismos mais infantis.

Também pode acontecer o contrário, quando algumas mães aprendem a aceitar a independência cada vez maior do filho e há, então, um aprofundamento positivo da relação mãe-bebê. A mãe de Orishe, por exemplo, falou que nunca tinha sido uma pessoa muito encantada por bebês. Em certo momento, começou a sentir que estava ficando insegura e deprimida por ficar em casa. Após encontrar uma creche de que o filho gostou, ela voltou a trabalhar o mais rápido que pôde, e com algum alívio. As coisas começaram a melhorar a partir daí. Passado algum tempo, Orishe era um bebê de um ano mais independente, e a mãe se sentia bem diferente - muito mais confiante, ela falou como gostava de ficar com o filho. De fato, pouco antes havia surgido uma possibilidade de redução de jornada de trabalho, e ela estava ansiosa para passar mais tempo em casa com Orishe, levá-lo para brincar com outras crianças e assim por diante.

Caso o bebê de um ano seja incentivado a explorar o mundo de modo mais amplo enquanto ainda se sente seguro em meio ao amor e à atenção dos adultos, então ele ou ela crescerá com mais confiança para explorações futuras - e isso inevitavelmente começará com uma exploração da casa. Já falamos sobre tornar a casa "à prova de bebê" e que preocupações com a segurança não são a única razão para que isso seja importante. Se ouvem "não" o tempo todo quando tudo o que estão fazendo é seguir a saudável inclinação por uma curiosidade cada vez maior, os bebês podem ficar ansiosos demais -sem saber até onde a curiosidade os levará ou inibidos a ponto de barrar a curiosidade por completo. Como esse interesse pelo ambiente mais amplo se relaciona com o desenvolvimento da mente, as mães, os pais e cuidadores terão infinitas oportunidades para incentivar ao máximo a curiosidade potencial do bebê.

TRABALHANDO SENTIMENTOS NA ARENA DO BRINCAR

Brincar faz bem às crianças, é divertido. Brincar com nosso bebê - sejamos a mãe, o pai, a avó ou o avô, uma tia, um tio, um amigo da família ou uma cuidadora - também pode ser muito divertido. A brincadeira é uma arena maravilhosa em que curiosidade e imaginação podem vicejar e se desenvolver. Também é um momento no qual muitos sentimentos e experiências podem ser dramatizados e trabalhados. Crianças muito pequenas tendem a brincar perto da mãe ou dos cuidadores. No início, elas brincam por breves intervalos de tempo e com frequência precisam recorrer à presença tranquilizadora de um adulto - com quem vão confirmar, em intervalos regulares, se tudo está bem. Um pouco de estímulo gentil para continuar a brincadeira pode ajudar, ainda que o bebê de um ano seja capaz de estabelecer o ritmo que lhe pareça adequado para que a brincadeira não acabe ganhando dimensões que pareçam sufocantes ou que avancem rápido demais. Um adulto atento a isso pode fazer muita coisa para facilitar e criar um ambiente favorável ao desenvolvimento do brincar imaginativo.

Uma amiga da mãe da Alan visitou a família por volta do primeiro aniversário do bebê. A mulher levou um presente para ele - um conjunto com quatro animais de fazenda bem coloridos que apareciam de forma bastante dramática quando se apertava o botão certo. Todos tentaram estimular Alan a brincar com o brinquedo novo, enfatizando o elemento-surpresa da aparição dos animais com muitas exclamações de alegria. Mas a amiga percebeu que o olhar de Alan estava voltado para uma direção diferente e depois de ponderar um pouco ofereceu-lhe a caixa em que o brinquedo havia sido embalado. Para seu espanto, ficou óbvio que Alan estava muito mais contente com aquela parte do presente, que ele girou diversas vezes nas mãos e analisou com cuidado antes de bolar seu próprio jogo de enchê-la e esvaziá-la com pedaços de papel de presente.

Uma piada comum em festas de aniversário de um ano é que o bebê gosta mais de brincar com a caixa do presente do que com o presente em si. Recipientes [continentes] de todos os tipos parecem exercer um fascínio profundo em crianças dessa idade, e há uma infinidade deles por aí para chamar a atenção delas. Parecem atrair os bebês como se fossem ímãs. E é comum os bebês começarem a se preocupar em investigar o que acontece quando esses objetos são preenchidos e esvaziados. Não raro é possível encontrar uma miríade de pequenos objetos dentro de máquinas que pararam de funcionar.

Uma tarde, a mãe de Denise, ansiosa com a perspectiva de conseguir tomar uma xícara de chá sem interrupções, estava acomodando a filha para assistir ao desenho favorito quando, para choque e consternação de ambas, descobriram que o videocassete tinha parado de funcionar. A mãe de Denise sem demora providenciou uma visita da assistência técnica, e o técnico chegou logo depois. Ao notar Denise quando entrou na sala, o homem foi direto até a máquina, virou-a de cabeça para baixo e, com uma sacudida, tirou de lá uma coleção de moedas, brinquedos pequenos, uma chave de fenda em miniatura e a válvula de escape do aquecedor da sala. Então ele explicou como funcionava a “trava de segurança” do aparelho, disse que estava acostumado com isso e encerrou a visita em poucos minutos.

Outro “continente” que parece atrair os bebês de um ano é a máquina de lavar. A mãe de Ella percebeu o interesse da filha pela primeira vez quando a bebê começou a fazer viagens constantes até a área de serviço ao longo do dia, frequentemente com os braços cheios na ida e vazios na volta. A menina parecia gostar sobretudo de pôr a mamadeira dentro da máquina. Assim que a família identificou o jogo de Ella, a máquina de lavar passou a ser o primeiro lugar a ser olhado quando algo desaparecia, o que era particularmente útil nas ocasiões em que ninguém conseguia encontrar as chaves do carro e a mãe de Ella precisava sair para o trabalho.

Se o primeiro objeto de fascínio do bebê é a mãe e tudo o que ela contém no coração, na mente e no corpo, essa relação avança para uma versão mais simbólica, na forma de um fascínio com “continentes” em geral. Encontrar um continente ou um espaço de contenção e colocar coisas dentro dele parece ser uma forma de o bebê explorar a segurança potencial do mundo. Se o continente e o que estiver dentro dele puderem ser investigados e manipulados como um jogo, então a brincadeira poderá ajudar a tranquilizar o bebê quanto à resistência e à segurança dos continentes de modo geral, confirmando isso para ele. Um continente resistente pode manter uma boa mamadeira a salvo, representa uma mãe boa e que oferece alimentação, e, além disso, quando necessário, pode conter sentimentos negativos sobre a mamãe, que tem uma vida no trabalho e longe das crianças. Esse tipo de brincadeira se transfere para uma espécie de esperança na vida e incentiva a ideia de uma figura forte e protetora que conhece e contém todos os sentimentos do bebê - tanto os positivos como os negativos. Caso desenvolvida e ancorada com firmeza nos pensamentos do bebê, essa ideia pode fazer toda a diferença na forma como ele abordará as inevitáveis provações e tribulações da vida que tem à frente.

O jeito de o bebê brincar pode variar imensamente não só de um dia para outro ou de uma semana para outra, mas também de um minuto para outro. Brincar com o bebê e seguir com atenção as indicações que ele nos dá pode nos ajudar a entender algumas coisas sobre os sentimentos e as preocupações atuais dele à medida que se revelam diante de nós no palco da brincadeira. Às vezes, a arena em que as brincadeiras acontecem parece mais um anfiteatro romano - batidas, desastres e destruição por toda parte -, e os adultos podem ficar bastante horrorizados e tentados a interromper o que está acontecendo em prol de uma "brincadeira mais agradável". Com efeito, jogos imaginativos costumam ser uma oportunidade para trabalhar sentimentos e experiências muito passionais e difíceis e podem ajudar a recolocar o bebê num estado de espírito mais esperançoso.

O pai de Nana, que estava sob muita pressão no trabalho, estava tomando conta da filha quando, por volta de um ano e dois meses, ela começou a andar. Até então, a bebê ainda tinha pouca estabilidade nos pés. Nana perdeu o equilíbrio várias vezes enquanto cruzava a sala de estar para entregar a um amigo da família alguns brinquedos e um copo. Um pouco depois, ela entregou um cachorrinho de brinquedo de puxar para que o pai desemaranhasse o barbante. Enquanto o pai trabalhava nisso, Nana começou a brincar com alguns blocos de encaixar que haviam sido montados mais cedo pela irmã. Ela pegou um bonequinho e o equilibrou numa parede de blocos e, sem querer - ao que parece - o derrubou logo depois. Na sequência, examinou minuciosamente um carrinho de bebê enquanto tocava suas rodas. Ela pegou outro bonequinho, que estava deitado numa cama, e tentou colocá-lo dentro do carrinho. Por fim, ao descobrir que esse bonequinho era grande demais para o carrinho de bebê, Nana o deixou com todo o cuidado de volta na cama. Continuou a brincar dessa forma, pegando todos os bonequinhos e, na sequência, colocando-os de volta na cama.

Nana pareceu mostrar uma preocupação de que tudo, assim como seus brinquedos e seu copo, deveria ser posto num lugar seguro em que fosse cuidadosamente sustentado e acolhido. Talvez isso se relacionasse com as próprias quedas e com a necessidade de se sentir a salvo e sustentada, física e emocionalmente mais equilibrada. As pressões sobre o pai podem ter ecoado nos sentimentos de precariedade de Nana e tornado ainda mais premente a necessidade que ela sentia de ser um bebê seguro. Apesar disso, a criança conseguiu identificar o pai como o papai que conseguiria desatar os nós e fazer as coisas fluírem com suavidade – uma figura protetora, na mente dela. A brincadeira com os blocos mostra como Nana trabalhou e processou seus sentimentos, e o resultado do jogo foi positivo. Apesar de algumas quedas, como no caso do muro, no fim todos os bonequinhos encontraram um lugar seguro.

DIFERENTES TIPOS DE FAMÍLIA

As famílias podem ser diferentes de várias maneiras. Em algumas delas, a mãe, o pai e a criança moram juntos. Outras são mães solo ou pais solo com o apoio emocional e prático de uma família estendida, enquanto outras mães solo e pais solo dependem mais de redes de amigos próximos ou de serviços locais. Não importa como seja formada, cada família tem a própria cultura, a própria história e as próprias ideias sobre crianças.

Todas as famílias enfrentam períodos de desgaste em diversos momentos; é parte da vida. As pressões podem ser emocionais ou financeiras; o casamento pode estar passando por dificuldades; a mãe ou o pai pode ter saído de casa; talvez seja preciso lidar com um luto ou uma doença de longo prazo; o desemprego pode ser uma questão; compromissos do trabalho talvez signifiquem longos períodos fora de casa; um novo casamento da mãe ou do pai ou um novo bebê podem introduzir mudanças e sentimentos conflitantes, e assim por diante. Não importa o que seja, as crianças nunca estão imunes ao que acontece com a família, mesmo que sejam jovens demais para expressar os sentimentos em palavras. Para mães ou pais que queiram acima de tudo proteger os filhos, muitas vezes pode ser doloroso perceber isso. Mas, na verdade, o primeiro passo para ajudar a criança a digerir emocionalmente sentimentos dolorosos ou confusos é reconhecer que essas questões afetarão todos os membros da família e, assim, se permitir estar em contato com a experiência dela.

Refletir sobre a experiência da criança ajudará a acolhê-la e apoiá-la emocionalmente. Para crianças pré-verbais, esse tipo de acolhimento atencioso feito pelo adulto é essencial para ajudá-las a lidar com as crises na família. Elas não são maduras o suficiente para digerir emocionalmente os problemas sozinhas, e as angústias que não forem acolhidas acabarão transbordando de outros modos – no comportamento, na alimentação, no sono, no xixi na cama, em sintomas físicos, e assim por diante. Crianças pequenas que dominam algumas palavras podem querer conversar sobre o problema. Estar aberto e receptivo a isso não significa entrar em detalhes com elas, sobretudo quando o problema envolver assuntos de adultos. Saber os pormenores de dificuldades financeiras, detalhes de discordâncias conjugais ou relatos minuciosos das doenças da mãe, do pai ou de um irmão não são coisas que ajudam crianças pequenas. Mas uma apresentação simples e sincera da situação pode contribuir muito para aliviá-las. No mínimo, elas receberão ajuda de um adulto que reconhece suas preocupações e inquietações sobre o que está acontecendo em casa. A partir daí, o caminho estará aberto para que falem ou façam perguntas, caso já consigam fazer isso. Durante esses momentos, algumas famílias consideram útil recorrer a uma perspectiva externa e, frequentemente, entram em contato com o médico, que poderá indicar serviços locais para algumas sessões de aconselhamento destinadas a crianças pequenas ou grupos de mães e pais.

A mãe de David entrou em contato com o médico quando o filho tinha um ano e meio e a hora de dormir e as noites estavam ficando intoleráveis. O profissional indicou um serviço local de aconselhamento de crianças que oferecia até seis encontros semanais. Ao longo das semanas, a história da família veio à tona. David havia se acostumado a dormir com a mãe seis meses antes, depois que o pai saíra de casa. O pai de David o via regularmente nos fins de semana, e os dois eram próximos. Em casa, a mãe de David estava tendo dificuldades em fazer com que o filho dormisse na própria cama. A única forma de persuadi-lo era se deitar ao lado dele e fingir que também ia dormir. Às vezes, o processo todo levava duas horas. Quando acordava mais tarde, no meio da noite, David ia para a cama da mãe e, àquela hora, ela se sentia exausta demais para levá-lo de volta para o quarto dele. As noites interrompidas estavam "passando recibo", e a mãe contou que era comum se sentir deprimida e com pouca energia. Entretanto, à medida que a mãe de David falava sobre a situação em casa, as coisas pareciam melhorar um pouco. David, em particular, participava de conversas sobre o papai, mostrando que tinha memórias nítidas sobre o que havia acontecido na noite em que o pai saíra de casa. A mãe contou que ficou impressionada, já que era a primeira vez em que o filho falava sobre o assunto. O que também veio à tona durante as sessões foi o temor de que a mãe, como o pai, fosse embora de casa. Afinal de contas, se o papai podia sair, por que ela não poderia? O menino precisava ficar de olho nela, sobretudo durante a noite. Isso fez com que a ida para a cama ficasse especialmente difícil e, claro, quando acordava de madrugada, David queria conferir onde estava a mãe. Assim que isso ficou claro, ele pôde ser tranquilizado pela mãe e a hora de dormir melhorou muito para a família.

Além de serem responsáveis pelo dia a dia do cuidado infantil, mães solo e pais solo precisam lidar constantemente com a seguinte questão: o filho mora com apenas um deles, então de que modo isso impacta a vida familiar? O relacionamento entre a mãe e o pai acabou, e esse costuma ser um momento profundamente doloroso para todos os envolvidos. Passado algum tempo, a mãe e o pai poderão começar a pensar como um casal parental e a cooperar mesmo depois que a relação pessoal tiver sido rompida e eles já não morarem juntos. Claro que essa é a melhor situação para a criança, que testemunhará como seus cuidadores são bem-sucedidos em trabalhar juntos pelo interesse dela. Isso é muito tranquilizador para crianças pequenas, já que fortalece a rede de apoio e de acolhimento emocional ao redor da vida delas.

Quando um parceiro amado morre, o adulto fica responsável pelas crianças ao mesmo tempo que sente desesperadamente a falta do companheiro e a necessidade de viver o luto. Quando há crianças muito pequenas envolvidas, a situação é de partir o coração. A família estendida e os amigos podem fazer muito para apoiar famílias solo nessas circunstâncias, e uma boa memória da mãe ou do pai falecido pode fortalecer e sustentar o adulto que cuidará dos filhos do casal. A capacidade do adulto em conservar uma boa memória do parceiro em seus pensamentos pode se estender para os filhos, que, também em seus pensamentos, serão sustentados, acolhidos e tranquilizados por um casal parental unido.

A IDEIA DE PARCERIA

A ideia de uma parceria atenciosa, criativa e unida é muito importante para a criança. Como ideia, simboliza a mãe e o pai juntos, criativos em sua capacidade de gerar um bebê, fortes o bastante para continuar unidos na adversidade e capazes de continuar a pensar de forma criativa sobre os filhos. Mesmo quando a mãe e o pai exteriores não continuam juntos, seja pessoalmente, seja na criação dos filhos – ou talvez vivam juntos, mas não de maneira criativa e estimulante –, pode ser benéfico encorajar a ideia de um casal parceiro para as crianças. Uma avó, um tio, uma tia ou um amigo que seja visto como apoio também pode formar parte de uma parceria, e a ideia pode ser fortalecida na mente da criança desse modo. Às vezes, um médico, professor ou cuidador será reconhecido pela criança como alguém que fornece apoio à mãe ou ao pai, e isso reforçará a ideia de uma parceria colaborativa. Ao mesmo tempo, caso a mãe solo ou o pai solo tenham a própria ideia de uma parceria sólida, talvez com base na infância ou nas experiências subsequentes de vida, então isso também será transferido para a criança. Onde quer que possa ser criado e passado adiante, esse vínculo será útil.

Por que a ideia de uma boa parceria é tão importante para a criança? Isso tem muito a ver com a capacidade de ser criativa e com o incentivo ao próprio potencial de estabelecer bons vínculos. Caso tenha uma ideia do que é um bom vínculo, representado por uma parceria sólida, a partir daí, com esse modelo em mente, a criança será capaz de estabelecer bons vínculos por conta própria. Isso permitirá e incentivará o vínculo com as pessoas por meio de relacionamentos ao longo da vida. Também servirá de estímulo ao pensamento criativo, com a criação de vínculos em sua mente, através da associação de pensamentos para formar as próprias ideias. Estabelecer bons vínculos é, no fundo, um processo criativo.

Outras coisas podem atrapalhar o estabelecimento da ideia de uma casal parceiro na mente da criança. Essa é uma questão que afeta todas as famílias e que tem mais a ver com as frustrações da própria criança com essa noção.

A mãe e o pai de Jennifer estavam no meio da redecoração da casa nova e havia um sentimento de esperança na abordagem conjunta que dedicavam à tarefa. O pai estava tomando conta de Jennifer enquanto, no andar de cima, a mãe colava o papel de parede. Ele supervisionava o chá, e Jennifer, que tinha acabado de pedir a terceira porção de queijo cremoso, balançava a colher cheia sobre a própria camiseta, num gesto provocativo, como se estivesse testando até onde poderia chegar antes que o pai pedisse a ela que parasse. Entre colheradas, ela fazia o pai dizer como as coisas da cozinha se chamavam e estava muito risonha e atenta ao que ele falava. Depois de algum tempo, o pai explicou que subiria um pouco para ver como a mamãe estava se saindo com o papel de parede, mas que voltaria rápido.

Quando o pai saiu da cozinha, Jennifer começou a brincar com sua fazendinha de brinquedo. Ela pegou um bebê num berço e disse "Bebê petico no carrinho, bebê petico", e pôs o carrinho de bebê de brinquedo sobre o chão verde da fazendinha. Depois, pegou um pequeno caminhão e, com um círculo amplo, fez o veículo andar até a beirada da fazenda. "Foi lá", ela disse, enquanto o deixava cair sobre o carpete. Jennifer fez a mesma coisa, com as mesmas palavras, com o carrinho de bebê, e depois se inclinou para recuperar o caminhãozinho. Começou a girá-lo nas mãos e a enfiar os dedos em seu interior. Colocou um dedo bem fundo e ficou com uma expressão preocupada. "Preso", ela disse. O pai voltou, ajudou-a a tirar o dedo e, com gentiliza, a alertou a não fazer aquilo de novo.

Parece que Jennifer tinha se identificado com o "bebê petico no carrinho" enquanto o pai estava com a mãe. Ela pode ter projetado o desejo - "quero mamãe toda para mim" - num casal parental, e como resultado a união de ambos faria com que não houvesse espaço para ela. Nessa situação, ela só podia se sentir excluída, o bebezinho deixado de lado. O caminhãozinho - "foi lá" - parece representar a mãe e o pai juntos, seguido logo depois pelo "bebê petico" no berço. Jennifer demonstrou como ela queria se intrometer quando pôs os dedos dentro do caminhãozinho. Quando ficou preocupada e precisou de ajuda, o pai estava por perto para salvá-la e, ao mesmo tempo, para estabelecer limites.

A ideia de que a mãe e o pai estão juntos pode fazer com que uma criança se sinta pequena, indefesa e excluída. Crianças, em especial quando muito jovens, podem querer a mãe só para si, com a exclusão de todos os outros, e isso deixa pouco espaço para a ideia de um casal unido. Mas, se o pai for emocionalmente forte para aguentar a aparente rejeição, continuar amigável com a criança e proteger a mãe das demandas infinitas dos filhos, tudo dará certo no final.

Mais tarde, uma menininha de um ano pode se fixar no papai e querer ser a parceira dele. Ela talvez se sinta dividida entre o desejo de tirar mamãe de cena, de um lado, e, de outro, a necessidade que tem dela e o amor que sente por ela. De modo similar, o menininho de um ano pode não só admirar e se identificar com o pai como também querer se livrar dele e usurpar as afeições da mamãe e, desse modo, se colocar em pensamento entre o casal parental. Esse tipo de fantasia edipiana faz parte da experiência da infância.[3] Nós veremos essas fantasias nas brincadeiras das crianças e, como mães e pais, vamos percebê-las em muitas circunstâncias diferentes. Em famílias de mães solo e pais solo, quando não existe uma realidade externa de mãe e pai que estão juntos para contradizer a fantasia, é valioso que se reconheça o dilema da criança e que a ideia de um bom casal continue sendo incentivada. Claro, para a criança é reconfortante quando ela sente que a realidade externa contradiz suas fantasias e a mãe e o pai permanecem juntos e unidos ao abordar o assunto. Mas isso nem sempre faz o problema desaparecer. Para a criança, essa é uma luta constante e que não se resolve necessariamente na infância.

Às vezes, mães e pais podem achar a situação edipiana muito difícil, o que pode causar um desgaste enorme nas famílias. Todos nós já fomos bebês, e são comuns sentimentos edipianos não resolvidos de rivalidade com uma criança exigente. No entanto, esses sentimentos podem ser avassaladores para algumas mães e alguns pais. Adultos nessa posição talvez precisem reavaliar a situação e procurar ajuda para que a família continue unida. Mesmo quando comprometidos com o enfrentamento conjunto do desafio, mães e pais ainda terão bastante trabalho pela frente. Mães solo e pais solo podem buscar apoio externo de uma figura forte que os ajude a estabelecer fronteiras para a criança ou contar com seus recursos interiores, relacionados às próprias ideias de um casal parental unido. Algumas circunstâncias exigem que esses adultos tentem funcionar como dois cuidadores principais numa única pessoa, oferecendo amor, cuidado e compreensão ao mesmo tempo que fixam fronteiras e limites que ajudam a acolher a criança emocionalmente e de

3 O conceito de complexo de Édipo será abordado com mais detalhes no volume *Entendendo seu filho de três anos*.

maneira prática. Não importa nossa concepção de parentalidade, ela exige muitíssimo de nós todos.

REFEIÇÕES EM FAMÍLIA

A refeição em família costuma ser considerada o epítome da vida familiar. Ela pode ser um momento em que todos se reúnem - cada um com suas necessidades - e, mesmo nas ocasiões mais simples, há um investimento emocional para que tudo corra bem. É claro que isso acarreta pressões, e refeições em família podem ser tanto um prazer real como se tornarem emocionalmente pesadas.

A integração do bebê de um ano em algumas refeições em família provavelmente já se iniciou algum tempo antes, quando ele ou ela começou a ingerir alimentos sólidos. A criança de um ano já pode comer mais ou menos a mesma comida que o resto da família, mas muitos gostos e texturas ainda serão novidade. Crianças muito pequenas parecem gostar de esparramar os alimentos por toda parte. Em busca de uma refeição organizada e de um bebê limpo, pode ser tentador um adulto sempre alimentar a criança. Mas a exploração da comida de forma independente - com a colocação de alguns pedaços de comida na boca, durante esse processo - ajuda os pequenos a se acostumarem com novos gostos e texturas por conta própria. Assim, um pouco de bagunça nesse estágio pode significar uma pessoa de paladar mais aventureiro no futuro. Caso os níveis de tolerância sejam razoavelmente altos, as refeições em família podem se transformar em uma experiência mais interessante e válida com um bebê de um ano na mesa.

Caso o bebê de um ano seja "bom de garfo", as refeições não devem ser um problema muito grande para a família. Mas, caso você esteja preocupado com a quantidade de comida que o bebê de um ano está comendo, esses momentos podem se tornar muito estressantes.

Para a mãe de Jade, toda refeição era motivo de preocupação. Jade sempre foi um bebê ligeiramente abaixo do peso e, desde o começo do desmame e da introdução de alimentos sólidos, nunca se entusiasmou com a comida. A mãe estava preocupada com o peso dela e sentia que cada refeição era crucial. Quando as coisas não corriam bem, a refeição podia virar uma luta que com frequência acabava em lágrimas. Bastante desesperada com a situação, a mãe tentou avaliar o problema no contexto da personalidade geral de Jade. Sentia que a filha sempre havia sido um bebê que não gostava de situações atordoantes. Jade chorava quando um rosto estranho se aproximava rápido demais ou quando se sentia forçada a fazer algo com que não estivesse acostumada. Multidões barulhentas ou festas agitadas a assustavam, e ela preferia uma rotina na qual se sentisse mais no controle, sabendo o que aconteceria a seguir. Ao considerar a comida nesse contexto, a mãe tentou uma abordagem diferente. Por um tempo, só preparou petiscos, que começou a oferecer a Jade em pequenas quantidades, de modo que a criança não ficasse desnorteada. Com essa nova abordagem, a filha pareceu mais interessada e começou a pedir por mais comida, que, de novo, era oferecida em pouca quantidade - algumas ervilhas, pequenas porções de macarrão e assim por diante. Ao longo das refeições, Jade começou a comer bem mais do que quando a comida era apresentada de uma só vez.

Apesar das preocupações, a mãe conseguiu acolher Jade emocionalmente. A consideração da mãe - conectando a reação emocional de Jade à alimentação e o que conhecia da personalidade da filha - e a criatividade da nova abordagem mudaram o que antes parecia uma situação bastante difícil para as duas. Mas nem sempre é fácil fazer algo assim.

O tema da alimentação tem um significado emocional enorme para mães e bebês. No útero, os bebês são nutridos exclusivamente através da mãe. Trata-se tanto de um relacionamento de total dependência do bebê com a mãe quanto um presente materno. É uma questão não só de crescimento saudável, mas também de vida ou morte - de sobrevivência. Depois do parto, as mães continuarão a alimentar com a mesma mentalidade, seja na amamentação no peito, seja com o uso de mamadeiras. E, até certo ponto, o relacionamento de dependência ainda predomina na alimentação. Quando se inicia a ingestão de alimentos sólidos, ele ou ela começa a se mover aos poucos para uma posição mais independente, embora ainda emocionalmente carregada de sentimentos de dependência.

A dependência é uma questão delicada. A sensação de ser tão dependente de outras pessoas pode ser difícil. Mas é algo com que todos nascemos, já que dependemos de nossa mãe e de nosso pai para existirmos. No útero, há uma dependência absoluta da mãe. Depois, como bebezinhos, dependemos dos adultos próximos que cuidam de nós para continuar a viver. E depois... A lista de favores que confirmam e reconfirmam nossa condição de dependência é interminável, não há escapatória. Sim, sabemos racionalmente que isso deveria nos deixar agradecidos para sempre, mas muitas vezes é algo que só nos deixa rabugentos e zangados (apesar de agradecidos também).

Para o bebê de um ano, sem dúvida as coisas continuam a seguir em frente. Engatinhando ou andando, talvez começando a falar - ele já está muito longe do recém-nascido indefeso. Mas o bebê de um ano ainda depende de você para uma parte considerável do cuidado diário. Claro, há o probleminha das fraldas. Isso não é nada, porém, em comparação com a dependência emocional que ele sente de você. Estar atento aos sentimentos conflitantes do bebê quanto à dependência (assim como à irritação que ele sentirá de você) é parte da tarefa de acolhê-lo emocionalmente. Encontrar oportunidades que deixem a criança ter algum controle sobre o ambiente a ajudará a digerir o resto. Na verdade, a comida – que tem um lado emocional tão ligado à dependência – é uma das poucas áreas em que os bebês de um ano são capazes de se afirmar e de fazer escolhas, em vez de serem totalmente dependentes das escolhas dos cuidadores. E, com a escolha, vem o poder.

Ben adorava quando a família ia passar uns dias na casa da avó. Ele recebia muita atenção, e a avó sempre fazia questão de providenciar as comidas favoritas dele. Como a mãe de Ben podia ficar na cama até mais tarde, o café da manhã era um momento especial entre Ben e a avó. Os dois gostavam bastante disso, e a avó dizia toda orgulhosa que Ben era um "homem do café da manhã" e que aquela era a "melhor refeição do dia" para ele. Durante a visita, estabelecia-se uma rotina alimentar – cereal, torradas e frutas, e tudo em grandes quantidades. A avó sempre perguntava qual cereal o neto queria, na esperança de que pudesse ser o mesmo da última estadia, mas a cada visita Ben mudava de ideia sobre sua paixão mais recente por cereais. Será que a avó insistia para que ele terminasse o pacote antes de abrir um novo? O bom humor de Ben depois de tomar café da manhã com a avó, assim como a longa fileira de caixas diferentes de cereal na despensa, nos conta como termina essa história.

Essas pequenas escolhas empoderam bebês de um ano e permitem que eles reconheçam sua agência no mundo, apesar da dependência de nós. Isso é completamente diferente de nos sentirmos controlados pela criança no que se refere à comida ou de ficarmos esgotados tentando preparar refeições diferentes para cada uma delas. Claro que é preciso alcançar um equilíbrio, de modo que a criança possa fazer escolhas enquanto os adultos continuam no comando. Mas ser flexível, como no caso do "homem do café da manhã", significa pelo menos que Ben pode se sentir no comando do café da manhã, mesmo que sua dependência como criança de um ano signifique que ele não poderia estar no comando de muitas outras coisas. Era uma boa forma de começar o dia, e experiências boas como essa ajudam a fortalecer na cabeça da criança a ideia de uma figura ou de um casal capaz de incentivá-la. Em última instância, será a dependência constante dessa ideia positiva que ajudará o bebê de um ano ao longo da vida.

3

A PERSONALIDADE EMERGENTE

DESCOBRINDO A PRÓPRIA IDENTIDADE

Conforme os bebês de um ano crescem, sua personalidade única começará a emergir com mais clareza. Com uma mobilidade maior e o uso de algumas palavras, eles agora conseguem fazer sua presença ser sentida na família. Cada ocasião em que afirmem a si mesmos será uma oportunidade para desenvolver o senso de identidade e descobrir por conta própria que tipo de pessoa eles são. Também pode haver um pouco de experimentação nesse estágio – testar a identidade de diferentes tipos de personagem e ver como se sentem. A importância dessa jornada de descoberta é crucial: os bebês precisam encontrar o próprio caminho para que sejam donos de si. E, como todo mundo, cada bebê fará as coisas do seu modo.

Algumas mães estavam conversando sobre bebês de um ano e sobre como eles eram quando acordavam de manhã. Uma mãe contou que a filha despertava e costumava brincar com os brinquedos por pelo menos meia hora antes de alguém tirá-la do berço. Pela babá eletrônica, a mãe e o pai conseguiam ouvi-la rindo e falando com os brinquedos. Outras duas mães, incrédulas com essa história, falaram que o filho se esvaía em lágrimas para que fosse tirado do berço no mesmo segundo que acordava. A outra mãe disse que a filha não fazia nada disso. Ela acordava e gritava a plenos pulmões até que alguém fosse buscá-la. O som era tão ensurdecedor que, em geral, não demorava muito para ela conseguir o que queria.

Nessa época, algumas crianças ocupam seu lugar na família com grande satisfação. Outras hesitarão mais e poderão precisar de mais incentivo para se afirmar. Seja qual for o caso, o importante é que a iniciativa venha do bebê, sem que ele seja forçado a se adaptar ao modelo de outra pessoa.

Essa adaptação forçada pode acontecer sem que ninguém na família se dê conta. Às vezes, uma criança se parece com um parente e a semelhança é tão intensa que passa a ser difícil ver a pessoa que está de fato à nossa frente. Talvez um parente querido tenha morrido e, de algum modo, para a família o bebê de um ano o substitua. Nesses casos, pode ser mais difícil reconhecer quando o bebê começa a afirmar a personalidade, já que ela será diferente da pessoa "substituída". Crianças pequenas que afirmem sua personalidade fora do modelo esperado são recebidas como um choque que perturba a família e desestabiliza o status quo. Quando isso acontece, as crianças, de alguma forma conscientes de que aquela vida não é sua, às vezes se tornam inibidas, incapazes de se expressar como quem realmente são.

Uma situação similar pode vir à tona caso as expectativas da mãe ou do pai para a criança se misturem demais com as aspirações que tinham para a própria vida. Sándor Márai descreve isso no romance *As brasas*, de 1942. Um jovem músico que está servindo no Exército fala sobre sua vida e percebe que, desde a primeira infância, nunca foi reconhecido como uma pessoa. Mesmo que a mãe e o pai tivessem feito muitos sacrifícios por ele – por sua educação e por seu estilo de vida. Ele acredita ter se tornado a "obra-prima" de ambos, mas, ao mesmo tempo, desconectou-se de si mesmo e daquilo que poderia ser um sopro de vida real e de música em seu ser.

Reconhecer nosso bebê por aquilo que ele ou ela é significa promover um crescimento que o ajude a se sentir de fato como ele é, e não como a sombra ou a ambição de outra pessoa. A criança só conseguirá alcançar seu potencial, seja ele qual for, se puder ser ela mesma. E isso começa na família. Mas quem você é na família depende, em certa medida, de onde você está situado nela. Se o bebê de um ano é o primogênito, filho único ou tem irmãos ou irmãs mais velhos, isso é algo que fará diferença.

O LUGAR DO BEBÊ NA FAMÍLIA

Caso o bebê de um ano seja o primeiro filho, então ele ou ela deve receber mais atenção do que receberia caso houvesse irmãos ou irmãs mais velhos. Isso é evidentemente benéfico de diferentes modos: ter a atenção da mãe e do pai só para si é algo especial. Os progressos físicos serão logo notados e celebrados; as primeiras palavras talvez sejam proferidas diante de uma plateia silenciosa e atenta; as primeiras experiências serão as primeiras para a família inteira e, por isso, serão lembradas com carinho. Do ponto de vista emocional, ser o filho mais velho pode ter outros benefícios. O bebê de um ano talvez tenha que lidar com sentimentos de ciúme quando chegarem irmãos ou irmãs, mas, pelo menos, terá elaborado essa experiência e sobrevivido a ela durante a infância. Em si mesma, essa vivência prévia pode ajudá-lo ao longo da vida a lidar com outros relacionamentos que envolvam sentimentos similares.

Caso o bebê de um ano seja filho único, então ele ou ela terá alguns dos benefícios de ser primogênito; além disso, talvez consiga relaxar fácil e confortavelmente na companhia de adultos, junto aos quais aproveitará a vantagem de fazer parte de muitas conversas envolventes com os adultos. Mães e pais de filhos únicos em geral se esforçam bastante para organizar dias de brincadeira com os filhos de amigos para que os bebês possam ficar com crianças da mesma idade. Isso é útil, claro, além de divertido para eles.

Caso o bebê de um ano já seja parte de uma família com irmãos ou irmãs, as questões a serem enfrentadas serão outras. Crescer como parte de uma família maior também tem seus benefícios. Poder testemunhar as turbulências da vida familiar é algo que proporciona diversão e estímulo. É verdade que o bebê de um ano pode ter que lidar com o ciúme dos irmãos mais velhos, mas com sorte eles podem se tornar companheiros de brincadeira e, juntos, praticar aquele famoso jogo infantil chamado "aprendendo a ser civilizado". Aprender a compartilhar e a ser parte de um grupo sem dúvida serão questões menos difíceis caso o bebê tenha se acostumado com elas desde cedo.

UM RECÉM-NASCIDO NA FAMÍLIA

O bebê de um ano não precisa esperar pela chegada de um novo bebê para se sentir excluído por esse intruso.

Perto do segundo aniversário, Julie, que em geral não tinha dificuldade para dormir, começara fazia mais ou menos um mês a ir ao quarto da mãe várias vezes por noite e a dar um escândalo quando era levada de volta para seu quarto. Durante o dia, ela também passou a ficar estranhamente apegada à mãe. Na época, a mãe, que estava grávida de sete meses, sentiu esses passeios noturnos como um golpe duro contra si. Uma manhã, tentou falar com Julie sobre isso e disse que a filha precisava dormir no próprio quarto, porque não dava para estar com a mãe o tempo todo. Como resposta, Julie berrou: "Bebê com a mamãe o tempo todo!".

Momentaneamente chocada com a eloquência de Julie, a mãe pôde então ver, de um jeito súbito e vívido, as coisas sob a perspectiva da filhinha. Enquanto Julie era obrigada a tolerar ter que dar boa-noite e a lidar com muitas outras pequenas separações durante o dia – quando a mãe ia para outro quarto da casa, ficava ao telefone e assim por diante –, esse bebê ainda não nascido ficava o tempo todo com a mamãe, dentro do útero todos os segundos do dia e da noite. Ao olhar para as coisas desse modo, pareceu dolorosamente injusto. A mãe de Julie, então, falou com a filha sobre isso, expressou o que a criança estava sentindo em palavras e, assim, acolheu aquela experiência dolorosa. Não era um tipo de sustentação como o proporcionado ao bebê ainda não nascido, contudo era uma sustentação capaz de manter Julie segura e protegida pela compreensão da mãe.

Julie e a mãe continuaram com esse tipo de conversa conforme a gravidez prosseguiu, e, desse modo, a mãe se manteve atenta aos diversos sentimentos conflitantes sobre o novo bebê. Ser capaz de expor as emoções da filha em palavras e reconhecer a hostilidade que ela sentia ajudou muito no acolhimento de Julie e concedeu à mãe uma oportunidade para tranquilizá-la. Algumas semanas depois, quando o bebê estava previsto para nascer, as duas conversaram sobre onde o bebê ia dormir. Julie já tinha notado o moisés deixado à mostra. A questão mais delicada seria para onde o recém-nascido iria. Julie sugeriu que o quintal seria um bom lugar. Levou algum tempo para que fosse convencida do contrário, mas essa também foi outra oportunidade para discutir o quão preocupada Julie estava com a ideia de que, quando nascesse, o bebê ocuparia todo o espaço disponível na casa. Em especial, o que a preocupava era que não houvesse mamãe suficiente para todos.

Sem dúvida, esse tipo de conversa antes do nascimento do bebê é benéfico para a criança de um ano. Também é importante que ela saiba de antemão como as coisas acontecerão quando o bebê chegar - quem cuidará dele ou dela, quando a criança mais velha poderá ver a mãe e o bebê e assim por diante. Talvez também seja útil planejar de antemão que os braços da mãe estejam disponíveis para a criança mais velha na primeira ocasião que surgir após o parto, para que mãe e criança possam ver, juntas, o bebê no berço.

Estar numa gravidez adiantada e ter que lidar com uma criança pequena é uma experiência exaustiva. Uma mãe nos estágios finais da gravidez quase foi às lágrimas ao contar para uma amiga como estava difícil a situação com a criança mais velha e ao se perguntar como faria para lidar com dois filhos, se já não estava conseguindo dar conta de um só. Outra mãe, olhando em retrospectiva para a própria experiência, disse que pensou que estar grávida em estágio avançado e cuidar de uma criança pequena havia sido mais cansativo do que cuidar de duas ou três crianças depois do parto. O nascimento de um novo bebê na família também traz alegrias, e o bebê de um ano, com todos os sentimentos conflitantes, se sentirá muito aliviado quando estiver diante de um novo bebê cheio de vida e saudável.

Caso você esteja amamentando o novo bebê, isso pode exigir uma quantidade enorme de tempo e de energia. A produção do leite é fisicamente trabalhosa. Reconhecer o que você mesma está exigindo de seu corpo significa que você também tentará descansar o máximo que puder e aceitará todas as ofertas de apoio.

A amamentação do novo bebê na frente da criança de um ano pode ser uma questão delicada. Algumas acham difícil ver a mãe e o bebê numa união tão íntima. Talvez a criança de um ano não esteja tão longe assim da própria experiência de amamentação, e ver você alimentar o novo bebê pode ser um lembrete doloroso de que ela já não está mais naquele estágio. Em circunstâncias como essa, sentimentos de querer ser grande podem ser substituídos muito rápido pelo desejo de ser pequeno. As mães podem se ver arrastadas para duas direções opostas, tentando amamentar e, ao mesmo tempo, consolar a criança pequena que está chateada e quer atenção. Também precisamos pensar no bebê recém-nascido e em como ele ou ela merece um tempo de amamentação sem interrupções.

O parceiro agora pode assumir um papel mais ativo e fazer muito para ajudar e apoiar – tanto de forma prática como emocional – a mãe que está amamentando e a criança, já que ambas inevitavelmente se sentirão esgotadas de tempos em tempos e vulneráveis em muitos momentos. Para a criança de um ano, ter momentos especiais com o papai ajudará a amortecer o impacto do tempo e da atenção que a mãe precisa dedicar ao novo bebê. Para mães solo, esse momento pode ser o mais difícil de todos. Elas terão que lidar com todas as demandas físicas da amamentação e todas as emoções da criança mais velha. Uma boa ideia é buscar ajuda na família ou com amigos para que tenha ao menos alguns momentos de alimentação tranquila e sem interrupções. Quando isso não for possível, acomodar a criança com algo para beber e talvez alguns biscoitos e uma atividade que mantenha a atenção dela a ajudará a se sentir cuidada e ainda presente nos pensamentos da mãe. Porém, às vezes nada funciona nessas ocasiões. Não se desespere. Ninguém é super-humano e sempre haverá uma próxima vez.

RESPEITAR AS OPINIÕES DO BEBÊ, SABENDO QUANDO DIZER "NÃO"

Já falamos como é importante que o bebê de um ano comece a se autoafirmar. Ter nossas próprias opiniões, gostos, aversões e coisas favoritas são parte do que nos faz sermos quem somos. Mães e pais que em teoria queiram incentivar isso terão que reconhecer, ao mesmo tempo, que o caminho é ladrilhado de frustrações – e não só para o bebê. Quando os bebês começam a se afirmar, precisamos aceitar que algumas das preferências deles talvez não sejam iguais às nossas.

Jesecca gostava de brincar com bonecas e ganhara algumas lindas de presente. Mas logo ficou claro que sua boneca favorita era a Holiday Heidi. Heidi era linda aos olhos de Jesecca, mas não aos da mãe. A mãe frequentemente desejava que a menina preferisse uma boneca de mais bom gosto, mas isso não acontecia. Heidi – com um entusiasmo exagerado – acompanhava a família em todas as ocasiões sociais, e a mãe de Jesecca descobriu que sua filha era uma menina real e com opiniões próprias, e não uma boneca.

Brinquedos são apenas uma das áreas em que as opiniões das crianças de um ano podem nos desafiar. A comida é outra: já mencionamos que as escolhas quanto à comida podem ser vistas à luz dos sentimentos de dependência em torno da alimentação. Assim como todos os adultos, o bebê de um ano terá preferências alimentares. Alguns gostos serão mais atraentes do que outros e, no contexto de uma dieta balanceada, essas preferências e aversões podem ser respeitadas. Crianças pequenas entenderão que isso não significa que doces e bolinhos podem substituir comidas que contribuam para o crescimento saudável, mas isso não significa que não tentarão se safar com o que conseguirem. Nenhuma criança pequena deveria precisar comer até passar mal para entender que comer doce demais não é bom. Há momentos em que dizer "não" é essencial. Respeitar as opiniões da criança e reconhecê-la como pessoa também significa saber quais são os limites da experiência dela e estar preparado para estabelecer fronteiras razoáveis, pensando no que é melhor para ela.

Alguns bebês de um ano têm opiniões muito firmes sobre as roupas que querem usar. Essa é outra área em que, dentro do razoável, eles podem legitimamente fazer escolhas e se afirmar de modo satisfatório.

Anish nunca teve dúvidas sobre o que queria vestir. A mãe entendeu que ele usava roupas de um modo peculiar – como um tipo de armadura que o protegia contra sentimentos de vulnerabilidade – e foi sensível para perceber como era importante que o filho fizesse escolhas nessa área sempre que possível. Anish escolhia roupas que faziam com que se sentisse forte e capaz – um moletom de Bob, o Construtor, era seu favorito, assim como uma camiseta preta da Reebok.

Anish sempre sabia exatamente o que queria, e quase sempre era algo que estava no fundo da gaveta. É claro que isso significava que todas as outras peças tinham que ser tiradas do armário antes. O processo em si era frustrante para a mãe, mas, como a escolha parecia tão importante para o filho, ela aguentava. Entretanto, quando Anish começou se esgueirar para dentro do armário para procurar sozinho por aquela peça de roupa – o que resultava no espalhamento constante de todas as roupas passadas e dobradas pelo chão –, o relacionamento dos dois se desgastou. Mãe e bebê precisaram chegar a um meio-termo. A mãe explicou o problema ao filho – como ele queria escolher a roupa e ela queria manter o bom humor. Ela sugeriu que os dois só poderiam ficar satisfeitos caso ela estivesse ao lado dele para ouvir qual era a roupa escolhida. Depois disso, seria ela quem pegaria a peça na gaveta. Ele não podia pegar as roupas sozinho – isso causaria uma bagunça. Anish concordou, e só precisou ser relembrado de vez em quando.

Algumas vezes, no entanto, pode parecer que nada do que você diga para a criança fará diferença para resolver uma situação difícil entre vocês dois. Nesses casos, pode haver uma linha tênue entre o que é autoafirmação do bebê de um ano e o que é apenas algo que dificulta nossa vida – o que começa como uma coisa pode virar outra bem diferente. Em alguns casos, a simples tarefa de vestir a criança pela manhã e sair de casa pode trazer dificuldades enormes. Você se pega perseguindo a criança pela casa com um casaco nas mãos, à espera de uma oportunidade. O tempo está passando, você não quer se atrasar para um compromisso e a criança parece fazer de tudo para que as coisas sejam o mais difíceis possível. Esse tipo de situação é tão corriqueira que talvez seja útil lembrar que às vezes as crianças são assim – e é por isso que cuidar delas dá tanto trabalho. É quase como se o comportamento teimoso existisse apenas para nos provocar e verificar como lidaremos com ele. Por que isso acontece, e que raios podemos fazer a respeito?

Mães e pais têm ideias diferentes sobre como conter as crianças. Alguns pensam que palmadas são o "não" definitivo e usam esse recurso para educar os filhos quando eles vão longe demais. Mas, ainda que mães e pais talvez já tenham recorrido a um tapa num momento de desespero, usar palmadas como uma medida comum na educação da criança não ajuda.[4] A palmada não é uma abordagem ponderada para o mau comportamento, e tudo o que ela faz é passar à criança a mensagem de que os sentimentos por trás do comportamento dela produziram uma reação física em você, mas não foram processados nem acolhidos de modo ponderado. É um ponto-final, e não se fala mais nisso. É claro, entretanto, que a história da vida da criança vai muito além, e o que vai ajudar no longo prazo é compreender, processar e acolher os sentimentos dela.

Para voltarmos à tentativa de entender o problema na perspectiva de uma criança de um ano: apesar daquele ponto-final, a história continua a se desenvolver. Há tantas coisas que nós, adultos, conseguimos fazer, mas uma criança de um ano não. Essa é uma situação irritante com que a criança se confrontará inúmeras vezes. Ela ainda é muito pequena e, por isso, sempre que insistir de modo razoável no "Eu faço!" e for bem-sucedida

---

4 No Brasil, o castigo físico é proibido por lei. Promulgada em 2014, a Lei nº 13.010 estabelece que "a criança e o adolescente têm o direito de ser educados e cuidados sem o uso de castigo físico ou de tratamento cruel ou degradante, como formas de correção, disciplina, educação ou qualquer outro pretexto, pelos pais, pelos integrantes da família ampliada, pelos responsáveis". [N.E.]

no que estiver fazendo, isso será motivo de orgulho para ela. Respeitar as conquistas legítimas do bebê e ajudá-lo a se desenvolver com base nelas é um passo positivo para auxiliar a criança a formar um senso de autorrespeito.

Claro, caso o bebê sinta que você também se respeita, isso ajudará no desenvolvimento do respeito por si mesmo. Conseguir dizer "não" ajuda a preservar fronteiras que estejam lá pelo bem da criança; além disso, significa reconhecer nossos limites quanto ao que toleramos em termos de tratamento e comportamento vindos dela. Como mães, pais ou cuidadores de crianças pequenas, esses limites serão levados ao extremo. Você será testado em várias ocasiões, e com frequência os testes serão dirigidos às áreas em que você se sente mais vulnerável. Você aguentará muita coisa porque está dedicado à criação do bebê, e isso envolve se fazer constantemente disponível como suporte emocional para a criança e, em benefício dela, absorver e acolher muitas das frustrações que surgirão como parte do processo de crescimento. Mas cada pessoa tem um limite do que pode ou não aguentar, e não fará mal para a criança perceber que as pessoas não podem ir além dos próprios extremos. Respeitar a si mesmo desse modo será algo que ela também acabará por reconhecer como um "não" definitivo.

ATAQUES DE BIRRA E MEDOS

Quando a mãe de uma criança de um ano perguntou a um pai mais velho e experiente quando os filhos dele começaram a ter ataques de birra, o homem respondeu que, até onde conseguia se lembrar, as birras haviam começado antes que as crianças completassem dois anos e, depois, a impressão é de que não teriam mais fim.

Outra mãe falou que havia largado uma carreira muito bem-sucedida na educação para ficar em casa e cuidar de George, seu primeiro filho. Ela estava acostumada a conter classes de trinta adolescentes e era muito boa nisso. Daí, uma tarde, na cozinha de casa, George começou a gritar, jogou comida para todos os lados e terminou na clássica posição da tigela na cabeça. A mãe descreveu ter olhado para o filho de um ano e se sentido completamente impotente, se perguntando: "O que devo fazer agora?".

Os ataques de birra da criança podem ser uma experiência chocante e assustadora. No caso de George e da mãe, a birra foi na privacidade de casa. Quando acontece em público, como parece ser comum, mães, pais e cuidadores têm que aguentar, além de tudo, a humilhação dos olhares de estranhos. É interessante perceber que, quando nosso filho tem um ataque de birra em público, são as crianças pequenas que tendem a parecer mais intrigadas com o processo todo. Muitas vezes elas se aproximam e, como se estivessem tentando resolver algum problema, olham fixo para a criança que está gritando. Talvez elas fiquem fascinadas porque também estão muito próximas do mesmo tipo de controle precário sobre o equilíbrio da própria vida.

Como o bebê está à mercê dos sentimentos extremos de dependência e do desejo de controle, manter tudo em equilíbrio pode ser algo que traz muita insegurança. Às vezes, algo insignificante pode criar um desequilíbrio; mas a causa não será essa coisa em si, e sim o apogeu de todas as outras coisas, umas sobre as outras, somadas a todo o contexto de como é difícil sofrer por ser pequeno e querer ser grande – ou, ainda, de se sentir sobrecarregado com o crescimento e querer ser pequeno de novo. Chega o momento em que tudo aquilo é demais e a criança se deixa transbordar – as comportas são abertas.

A mãe de Nick estava com ele e com a filha mais velha numa loja de brinquedos. A família estava escolhendo o presente de aniversário de um amigo. Nick ficou absorto enquanto brincava com um brinquedo que acendia e zunia ao ser manipulado de certo modo. Quando chegou a hora de ir embora, Nick continuou a segurar o brinquedo, dizendo "meu". A mãe tentou dissuadi--lo, sem sucesso, e, sentindo vários pares de olhos recaírem sobre aquela briga constrangedora, em dado momento arrancou o brinquedo das mãos do filho. Aquilo foi o fim para Nick. Seus gritos furiosos preencheram a loja, e ele se debateu e esperneou enquanto a mãe tentava enfiá-lo de volta no carrinho – e ela ainda acabou atropelando o próprio pé enquanto tentava empurrá-lo para fora da loja. Lutando mais uma vez com o cinto do carrinho e com os gritos do filho, a mãe contou que tremia quando enfim conseguiu sair de lá.

Em toda sua intensidade, o ataque de birra será direcionado normalmente contra a mãe, mas às vezes contra quem estiver em seu lugar. O papel do adulto é agir como continente para todos os sentimentos terríveis, confusos e assustadores da criança. O bebê de um ano depende de você para isso. Esses sentimentos extremos da infância não serão processados de nenhuma outra forma. Como reagir? Ou, nas palavras da mãe de George, "O que devo fazer agora?".

Muitas mães e muitos pais encontram a resposta para isso por tentativa e erro, e um adulto mais experiente provavelmente terá pelo menos alguma ideia do que não funcionará. Mães e pais logo percebem, por exemplo, que castigos como palmadas só pioram as coisas. Nessas circunstâncias, tentar discutir racionalmente com a criança em geral também não nos levará a lugar algum, já que ela estará num estado de irracionalidade. Mães e pais podem descobrir que segurar a criança, caso ela permita, é a melhor coisa a fazer. Podemos lhe dizer que precisamos mantê-la segura e, talvez, sussurrar algumas palavras tranquilizadoras até que se acalme. Por outro lado, podemos estar tão irritados ou chateados que o melhor será não dizer nada até que nós também estejamos mais calmos. A mãe de Nick contou que continuou andando por algum tempo até se acalmar o suficiente para parar. Foi só nesse momento que ela sentiu que podia tentar tranquilizar Nick e acalmá-lo.

O bebê também se sentirá consideravelmente abalado após o ataque de birra. Quando um dos cuidadores volta para casa no final de um dia em que a criança esteve difícil, sua presença pode ser um enorme alívio, por oferecer uma pausa bem-vinda para a intensidade da relação do outro cuidador com a criança, que também terá uma chance de ser cuidado e reconfortado. Mães e pais poderão então pensar juntos sobre o que aconteceu e o que pode estar por trás da birra. Uma mãe solo ou um pai solo também precisará de ajuda em momentos como esse. Falar com um amigo próximo ou um parente fará diferença, e, caso ainda não pareça suficiente, então pode ser útil procurar ajuda profissional ou de grupos de mães e pais. O fardo de dias difíceis costuma ser pesado demais para ser carregado sozinho.

Todas as crianças farão birra, uma hora ou outra. Mas, se você achar que isso está sendo recorrente, então talvez seja o caso de avaliar se há alguma questão pendente que possa estar afetando a criança e, talvez, pedir a um médico a indicação de um profissional que possa ajudar.

Mais tarde, quando a criança tiver se recuperado da birra, talvez você consiga falar com ela sobre o que aconteceu e como aquilo deve ter sido difícil para ela. É provável que a criança sinta alguma ansiedade em relação ao que a birra causou em você, e talvez expresse isso ficando mais grudenta ou agitada. Mostrar que somos capazes de pensar sobre o que aconteceu, mesmo que não tenhamos todas as respostas, tranquilizará a criança de que sobrevivemos ao ataque e ainda podemos atuar como continentes fortes o bastante para segurar até os sentimentos extremos.

Reconhecer que sentimentos extremos podem ser acolhidos é algo muito reconfortante para a criança. Sentimentos como esses, se não forem acolhidos, são vividos como coisas bastante perigosas e podem reaparecer para assombrar as crianças pequenas. Na verdade, são esses mesmíssimos sentimentos de hostilidade, de agressividade e relacionados à birra que estão por trás de muitos dos medos e das fobias irracionais da infância. Eles podem se conectar aos tipos mais mundanos de objetos, animais e insetos e são vividos pela criança como um ataque contra si. A essa altura, o sentimento de agressividade terá se desconectado de sua projeção original na forma de birra e se fixará apenas nas coisas de que a criança tem medo.

Isobel e a família se mudaram para uma casa nova quando ela tinha um ano e oito meses. Ela pareceu se adaptar bem, gostava do quarto novo e adorava brincar no novo quintal. Daí, de forma bastante inesperada, começou a ficar assustada com o aquecedor do banheiro e morria de medo quando o aparelho fazia algum barulho. O que começou como uma pequena preocupação foi progressivamente piorando até Isobel se recusar a chegar perto do aquecedor. Nitidamente aterrorizada, ela gritava quando a mãe tentava levá-la ao banheiro para o banho da noite. Nada que a mãe dissesse parecia fazer diferença. Por fim, a mãe decidiu dar "banho" em Isobel na pia da cozinha por alguns dias e usou esse tempo para falar sobre o aquecedor, explicando que entendia os medos da filha e tranquilizando-a de que tudo ficaria bem. Aos poucos, o medo de Isobel diminuiu e a vida voltou ao normal.

Nesse tipo de situação, é importante reconhecer e acolher o medo da criança, e será reconfortante que no cotidiano ela se sinta sustentada por fronteiras firmes e consistentes. Limites adequados ao comportamento da criança conferem a segurança de que a mãe está protegida contra o mais hostil ataque de birra. Juntos, os cuidadores podem ser uma boa dupla nesse sentido, um como continente e o outro como guardião que estabelece limites apropriados para a criança e, em essência, protege o primeiro contra a sensação de estar sobrecarregado. Mais uma vez, mães solo e pais solo talvez precisem dar um jeito de atuar em ambos os papéis ou, então, convocar a ajuda de um amigo ou parente. Independentemente de como isso seja alcançado, caso se sintam sustentados num ambiente forte o bastante para acolher até os sentimentos mais extremados, os bebês de um ano ficarão menos ansiosos e esse tipo de medo diminuirá.

4

TER UMA BOA IDEIA E FICAR COM ELA

"ATÉ LOGO" E "OLÁ"

Quando ainda são muito pequenos, os bebês muitas vezes começam a chorar até quando a mãe sai do quarto. Nesse estágio, parece que a mãe que está fora de vista desapareceu totalmente, o que os deixa com a sensação de que está sozinho. Aos poucos, os bebês de um ano deixarão de ficar tão ansiosos com esse tipo de coisa. Eles perceberão quando a mãe sair do quarto, mas serão capazes de controlar a ansiedade e vão dispor de certa quantidade de experiências em que a mãe reapareceu, de modo que haverá mais chances de que isso aconteça de novo. Mas eles ainda terão dificuldades com a experiência das idas e vindas da mãe e lidarão com a situação de modos diferentes.

Sentada em seu cadeirão após ter sido alimentada, Holly, de um ano e meio, ficou batendo o copinho vazio na mesa e dizendo "Embora". Depois, falou "Descer", e a mãe a ajudou a descer. Uma vez no chão, Holly deu um pequeno pulo. "Ulo", disse ela, sorrindo, e a mãe repetiu, "Sim, pulo". Quando a mãe saiu da sala para preparar o banho, Holly respondeu à desaparição da mãe continuando a pular, dizendo "ulo" a cada salto. Depois, pegou uma bexiga do outro lado da sala e disse "alão". Com os dedos, contornou com cuidado as letras estampadas na bexiga, jogou-a no chão e disse "ulo". Holly ficou muito envolvida com essa brincadeira e jogava a bexiga no chão cada vez com mais força. Nas últimas vezes, a cada arremesso do balão Holly dizia: "Mamãe ula".

A brincadeira de Holly pareceu se centrar no desejo de estar no controle das idas e vindas da mãe, e não à mercê de quando ela ia "embora". A fantasia na brincadeira alterava os fatos da realidade considerados desagradáveis. Holly alterou a experiência de ser um bebê pequeno e de ser tirada do cadeirão para outra situação, em que ela mesma pulava e, em sua mente, assumia controle total sobre o que estava acontecendo. A bexiga então se transformou numa mamãe que Holly podia jogar para baixo e fazer quicar para cima conforme desejasse. Na brincadeira, Holly está elaborando seus sentimentos de separação da mãe, ainda que, nesse estágio, sinta necessidade de estar no controle - e, por isso, de se distanciar da dor de sentir-se como uma menininha deixada para trás.

Às vezes, os bebês de um ano protestarão com veemência quando as mães os deixarem com outra pessoa, mesmo que essa pessoa seja bem conhecida, como o pai, a avó ou uma babá de confiança. Talvez os adultos fiquem indevidamente preocupados com isso. Mas as crianças pequenas estão apenas mostrando à mãe como ela é importante, e é natural ficarmos chateados quando alguém que amamos vai embora. Crianças pequenas precisam ser reconfortadas nesses momentos, e uma babá experiente saberá fazer isso. É claro, será mais preocupante se nosso bebê nunca demostrar nenhuma reação diante de nossa partida. Nesse caso, mães e pais podem se perguntar se há algo impedindo o bebê de reagir à separação de um modo mais usual. Pode ser que a criança, de alguma forma pouco realista, se sinta pressionada a ser independente e esteja se isolando por completo do que sente. Caso essa maneira de lidar com a separação ganhe espaço, no longo prazo isso não será bom para a criança. Elas precisam saber que seus sentimentos dolorosos sobre a separação podem ser abertamente expressos aos adultos que a cercam. Assim, poderão ser reconhecidos e acolhidos de modo benéfico.

O VALOR DAS SEPARAÇÕES BREVES

Separações breves são boas tanto para o bebê de um ano como para a mãe. A mãe pode voltar após algumas horas se sentindo animada, e o bebê terá os benefícios de uma mãe revigorada. Nessas poucas horas, o bebê também terá oportunidade de formar relações mais próximas com outras pessoas que podem enriquecer a vida dele. Desde que o período de afastamento não seja muito grande a ponto de ser insuportável, a criança também terá a satisfação de conseguir se virar sem você, de sobreviver e de apreciar a experiência. Às vezes, as mães tentam encaixar essas separações na rotina semanal, e a consistência de um padrão conhecido de pequenos afastamentos pode funcionar muito bem.

A mãe de Ann organizou suas aulas semanais de yoga para que coincidissem com a época em que o marido conseguia sair um pouco mais cedo do trabalho para tomar conta da filha. Esse arranjo não só permitiu que a mãe tivesse um tempo precioso para si mesma, como também ofereceu uma oportunidade para que Ann e o pai criassem uma rotina especial própria. Depois de deixar a mãe no estúdio de yoga, os dois voltavam juntos para casa no "onibuzão vermelho" e sempre desciam na mesma loja para comprar o petisco favorito de Ann naquela época, "povilo". Rotinas regulares como essa incorporam separações breves à vida do bebê e oferecem espaço para aprofundar relações importantes. O bebê de um ano sentirá ter mais controle sobre a separação, que será reconhecida como um padrão durante a semana. E, se isso tudo ainda não bastasse, Ann e o pai apreciavam muito esse tempo que passavam juntos.

DE VOLTA AO TRABALHO: COMO CUIDAR DO BEBÊ?

Algumas mães voltarão ao trabalho em tempo integral logo depois do parto, seja por preferência pessoal, seja por necessidade financeira. Outras desejarão ser mães em tempo integral pelo futuro próximo, enquanto outras pensarão em voltar por meio período quando os bebês tiverem por volta de um ou dois anos de idade. Caso a cuidadora ou o cuidador principal esteja planejando retornar ao trabalho, a questão do cuidado será uma grande preocupação para a família.

A menos que você tenha a sorte de ter parentes dispostos a ajudar por perto, as possibilidades tendem a ser encontrar uma babá, uma *au pair*, uma babá que receba a criança na própria casa ou uma creche. Mães e pais escolhem a forma de cuidado adequada com base nas necessidades da criança e no que está disponível na região - e o que é considerado de alto padrão numa área não será necessariamente em outra. Mães e pais farão as próprias pesquisas e conversarão com outras famílias da vizinhança. Quando fazem esse tipo de escolha, os adultos procuram o que pode ser mais benéfico para o estágio atual de desenvolvimento da criança.

Au pairs ou *baby-sitters* costumam ser muito jovens e, como frequentemente consideram temerosa a responsabilidade de cuidar de uma criança de um ano, preferem trabalhar ao lado da mãe ou de uma cuidadora mais experiente. De modo geral, uma babá qualificada terá maior confiança para trabalhar com essa faixa etária, já que em geral tem experiência prévia e até pode ter recebido treinamento. Babás que atendam na própria residência em geral dispõem da experiência de ter educado os próprios filhos e, por cuidarem de um grupo bastante reduzido de crianças de idades variadas que podem se reunir como se fossem irmãos e irmãs, podem oferecer uma atmosfera familiar para o bebê de um ano. As creches variam bastante, mas um ambiente institucionalizado sem dúvida será desconhecido para o bebê e talvez não atenda às necessidades da idade.

Algumas creches podem ser particularmente impressionantes em termos de eficiência, mas isso não substitui o cuidado e a afeição - além disso, crianças muito pequenas são jovens demais para lidar com a vida institucional. Bebês de um ano precisam se relacionar com um adulto específico e em quem confiem, alguém que acolha seus sentimentos e os ajude a digerir as experiências de um ponto de vista emocional. Isso é mais difícil de oferecer num ambiente em que as crianças precisem expor suas necessidades a um grupo de profissionais, e não a uma única pessoa. Dito isso, bons grupos de recreação e creches dispõem de um sistema específico de "professores-chave" em que um cuidador é alocado para cada criança para que se construa um relacionamento especial entre eles. Tudo depende, então, de quão bem o sistema funciona.

Com isso em mente, bebês nessa idade precisam de um cuidador delicado, atencioso e acolhedor para o tempo que passam longe da mãe e do pai - uma figura continente que consiga mantê-los a salvo e os ajude a suportar o dia até que a mãe volte para casa. Esse é um trabalho muito importante, e a busca por profissionais de cuidado infantil pode ser extremamente estressante e angustiante para mães e pais, mas sobretudo para mães. Uma vez encontrado o profissional certo, o alívio será enorme.

Preparar nossos bebês de um ano para esse novo arranjo fará muito para ajudar mãe e criança a lidarem com a separação. Introduzir a nova pessoa ou o novo ambiente, com algum tempo de adaptação em que você fique por perto, ajudará o bebê a se sentir seguro quanto às novidades. Falar com ele de forma muito simples também. O que é importante que ele saiba é quanto vai demorar até você voltar. Será igualmente benéfico que o bebê perceba que você está confiante de que, mesmo que ele ou ela esteja com dificuldades para dizer "tchau", tudo vai ficar bem. E, então, com todos os melhores planos traçados e todas as preparações cuidadosamente elaboradas, não se espante caso, na primeira vez em que voltar, você acabe encontrando as chaves do carro na máquina de lavar.

A DOR DA INTIMIDADE

Quanto mais perto chegamos do amor, mais permitimos que uma pessoa nos conheça e que nós a conheçamos. Essa intimidade poderosa nos deixa vulneráveis. Passamos a ser profundamente afetados pelos pensamentos e sentimentos de quem amamos, por suas idas e vindas. Dependemos da pessoa amada. Ficamos amplamente expostos a sermos feridos e frustrados, e também nos sentimos responsáveis por quem amamos e por aquilo que talvez tenhamos feito para machucar essa pessoa. Se a intimidade for dolorosa demais, talvez você se desligue de seus sentimentos amorosos, se torne indiferente ou rejeite a ideia do amor e escolha outro objetivo para sua vida. Caso faça isso, estará a salvo da dor da intimidade, mas acabará com outro problema bem mais sufocante. Você terá, de fato, se desligado de seu potencial como pessoa e da possibilidade de se entregar em relacionamentos íntimos.

O relacionamento do bebê com a mãe é profundamente significativo. Pode ser o primeiro em que ele sente e elabora sentimentos amorosos verdadeiros. E não é diferente do amor adulto. Como uma pessoinha que ama, seu bebê de um ano não terá um percurso fácil pela frente. Haverá não só sentimentos de impotência e dependência a serem enfrentados, como também a frustração das separações. A criança aos poucos começará a reconhecer a mãe como uma pessoa separada e dotada de sentimentos reais, e esse reconhecimento traz a dor a tiracolo. Bebês de um ano já dependeram muito das mães como continentes para todos os sentimentos deles. Isso foi necessário. Porém, mais tarde, surge a consciência do fardo disso sobre a mãe, o que ela teve de sofrer pelo bem deles – e, com essa consciência, vêm o medo e a preocupação profunda quanto aos danos causados. O amor anda lado a lado com a autorresponsabilidade. E também, em última instância, com o coração partido - quando as crianças compreendem que é irreal a ideia de possuir completamente a mãe e, esperamos, substituem isso pela ideia de uma parceria parental colaborativa.

Conseguir entender o bebê de um ano envolve apreciar parte da qualidade potencialmente abrasadora desse amor e a dor que isso significa para ele. Bebês dessa idade não são "pequenos demais para entender" o que acontece ao redor deles, sobretudo quando se trata de pessoas amadas. A inexperiência significa que eles devem ficar confusos com facilidade, entretanto a natureza apaixonada de seus sentimentos amorosos é flagrante.

A mãe de Luca falou sobre uma fase difícil de sua vida que coincidiu com os últimos meses de amamentação do filho de um ano. Uma vez, no meio da amamentação, ela começou a pensar nos próprios problemas e, naturalmente, ficou chateada. Ainda que tivesse certeza de não ter demonstrado nenhum sinal externo disso para o bebê, ficou espantada ao perceber que Luca havia parado de mamar e estava esticando o pescoço para olhá-la bem nos olhos. A expressão de profunda preocupação do bebê a deixou fascinada, assim como a forma como a criança estudou o rosto dela e manteve contato visual. Luca só voltou a mamar depois de a mãe ter sorrido e conversado um pouco com ele.

Assim como Luca, bebês e crianças pequenas podem estar muito alertas aos humores e estados mentais da mãe. Evidências de sentimentos vívidos e genuínos podem surgir como um grande alívio e uma tranquilidade de que, apesar de tudo, as mães ainda dispõem dos recursos emocionais para cuidar das crianças. Uma mãe que estiver deprimida por um período longo precisa consultar seu médico. Essa época é muito difícil, mas, até que consigam se reerguer, mães e pais de crianças pequenas com frequência dependerão bastante de outras pessoas por algum tempo.

Do ponto de vista do bebê de um ano, há o problema constante de como tolerar a intensidade dos próprios sentimentos de amor e de responsabilidade à luz da frustração e da dor das separações das pessoas amadas. A questão não é conseguir protegê-los por completo desses sentimentos. Tudo isso é parte do que significa ser humano e estar engajado com o mundo. No entanto, ao considerar os extremos do que nosso bebê de um ano precisa aguentar, conseguiremos ajudá-los ao longo do percurso. Faz uma diferença enorme ter alguém que nos entenda e que compreenda nossa dor. E também ajuda a construir em nossa mente a confiança na ideia de uma figura ou de uma parceria colaborativa que possa nos sustentar ao longo das separações inevitáveis e da vida de modo geral.

DESENVOLVENDO A CONFIANÇA

Para que desenvolvam esse tipo de confiança, as crianças de um ano precisarão começar pelo desenvolvimento da confiança em figuras importantes na vida delas, que em geral são a mãe e o pai. Talvez em particular nas famílias de mães solo e pais solo, isso também inclua figuras importantes da família estendida. Há modos de ajudar o bebê a desenvolver confiança em você. Um deles envolve a forma como lidamos com separações.

A mãe e o pai de Natasha estavam preocupados: será que a filha, então com um ano e dez meses, estava ficando grudenta demais? Ela não queria deixar que a mãe ou o pai - quem estivesse tomando conta dela - saísse de vista, era o que parecia. Caso planejassem deixá-la em algum lugar, como no espaço infantil de um shopping, a sensação era de que ela sabia com antecedência (apesar do fato de ambos tomarem muito cuidado para nunca falar sobre o assunto) e ficava muito nervosa. No momento de ir para o espaço infantil, ela quase sempre começava a gritar. A mãe e o pai ficaram particularmente preocupados, já que tinham acabado de começar a deixá-la por algumas horas, num grupo de recreação, três vezes por semana. As coisas não estavam indo bem.

A mãe contou que levavam a filha para o grupo de recreação e então saíam sem fazer alarde quando Natasha parecia compenetrada em alguma atividade, como brincar com massinha, e não estava olhando. Isso deu certo no começo, embora eles tenham tido que buscá-la mais cedo algumas vezes quando a professora principal, muito experiente e empática, que havia sido designada para cuidar de Natasha, não conseguiu consolar a menina. Porém, mais recentemente, quando chegava a hora de deixá-la com o grupo, a filha se agarrava com firmeza à mãe ou ao pai, mesmo que estivesse brincando com massinha com a outra mão. Daí, quando eles tentavam ir embora, Natasha gritava tanto que, em ocasiões diferentes, nem a mãe, nem o pai tiveram coragem de deixá-la.

Depois de discutir a questão com a professora de Natasha e de pensar um pouco mais sobre o medo da separação, a mãe e o pai decidiram adotar uma abordagem diferente. Enquanto a filha ainda estava se acostumando com a nova experiência de participar de um grupo, eles evitaram por algum tempo deixá-la em espaços com os quais estivesse menos familiarizada. A cada vez que a levavam ao grupo, também começaram a prepará-la com antecedência, de um jeito simples e confiante. Passaram a explicar que ficariam por ali por cinco minutos, diriam "tchau" por algum tempo e que, mais tarde, voltariam para dizer "voltei" e levá-la de volta para casa. Estava claro que Natasha, mesmo sem falar, entendia o que estava sendo dito e começava a chorar. A mãe e o pai demonstravam empatia, mas permaneciam confiantes de que, naquele período, tudo ficaria bem com ela.

As lágrimas antecipadas de Natasha e a oportunidade para que a mãe e o pai acolhessem as preocupações que surgiam naquele momento pareceram reduzir o pânico quando os adultos iam embora. Quando diziam "até logo", Natasha ainda protestava muito alto; os dois demonstravam empatia e, confiantes, levavam a filha aos braços da professora principal na hora de sair. Natasha começou a reconhecer essa rotina e, depois que a mãe e o pai começaram a se despedir de forma direta, dava para ver que se sentia mais no controle. Desenvolver mais confiança naquele momento pareceu ajudá-la a acreditar que a mãe e o pai voltariam para buscá-la, como haviam dito que fariam.

Em duas semanas, a mãe e o pai de Natasha ficaram aliviados em perceber que a filha já não estava mais grudenta. A professora relatou que a menina parava de chorar poucos minutos depois que a mãe ou o pai saíam e, depois, ficava absorvida em alguma atividade de que gostava. Ela também se sentia bem mais confortável durante as poucas horas que passava no grupo de recreação, ainda que a professora tenha percebido que, às vezes, Natasha ficasse ansiosa durante as transições, nas mudanças de uma atividade para outra, momentos em que precisava ser reconfortada por um pouco mais de tempo até voltar a se sentir confortável. Ser capaz de confiar na mãe e no pai graças à rotina do dizer "até logo" parece que ajudou a fortalecer uma noção de parceria parental confiável na cabeça de Natasha. Essa ideia, combinada com a sensibilidade atenciosa da professora, ajudou a menina a aguentar firme enquanto estava longe da mãe e do pai.

Sempre haverá momentos e situações que levarão o bebê de um ano a dar um passo atrás e farão com que ele precise ser um pouco reconfortado pela mãe, pelo pai ou pelo cuidador. Às vezes, isso acontece logo depois de um novo avanço, o que pode parecer bastante surpreendente à luz do progresso anterior.

Mas algumas oscilações entre uma independência mais confiante e sentimentos de insegurança e pequenez são bastante naturais e continuarão a ocorrer ao longo da infância.

O senso de segurança que as rotinas podem proporcionar aos bebês e às crianças pequenas não deve ser subestimado. Isso nos leva de volta à compreensão de quanto as necessidades do bebê dependem dos outros e de como, nesse contexto, rotinas estabelecidas e reconhecíveis levam a noções de previsibilidade na vida. Caso identifiquem algo de familiar na estrutura de seu cotidiano, os bebês se sentirão mais no controle e menos à mercê de sentimentos ansiosos sobre o que acontecerá a seguir. Claro, a rotina precisa ser flexível para permitir a todos algum grau de liberdade na vida familiar, mas, para um bebê de um ano, adotar rotinas para a alimentação, a hora do banho e a hora de dormir proporcionará um ambiente de segurança. Isso ajudará a desenvolver a confiança da criança em relação ao que a vida familiar é capaz de oferecer e fará com que acredite num mundo onde ele ou ela esteja menos à mercê do desconhecido.

UMA BOA NOITE DE SONO

Conseguir dormir a noite inteira é uma conquista para bebês e crianças pequenas. Ao lado da alimentação, essa é uma das primeiras coisas que tendem a ser perturbadas caso algo esteja preocupando ou chateando o bebê de um ano.

Também pode ser útil pensar sobre o processo de adormecer como outro tipo de separação para o bebê. É um tipo diferente de "até logo" – desta vez, um "até logo" que precisa durar a noite inteira, com todas as suas incógnitas. As preocupações do bebê com "cair" no sono podem estar relacionadas à ansiedade de ser sustentado de forma suficientemente segura, num sentido emocional, ou a medos ligados a algum risco de que ele ou ela "caia" dos pensamentos da mãe e do pai, rumo à escuridão da noite. É algo que remonta à questão da confiança.

A noite, com todos os elementos potenciais de pesadelo, fala silenciosa, mas com nitidez, na canção de ninar:

No alto da árvore, nana, neném
No berço, ao vento, ele vai e vem
Quebra-se o galho, e lá o berço cai
Pro chão, berço e tudo, o bebê vai[5]

Em si mesmos, os versos não são exatamente tranquilizadores. Mas talvez o que é expresso pela ideia de uma mãe ou um pai que canta esses versos como uma canção de ninar – a qual, de algum modo, embala todos os medos fantasmagóricos, precários e imprevisíveis da noite em tons reconfortantes – seja mais a capacidade de esse adulto acolher e sustentar emocionalmente os medos noturnos da criança. A confiança ainda vacilante das crianças pequenas pode estar mais ligada aos próprios esforços para se agarrar a uma figura benevolente em sua mente, e não tanto à capacidade concreta da mãe ou do pai de sustentá-las emocionalmente. Às vezes, o bebê precisa ser reconfortado no que se refere à diferença existente entre ele e a mãe ou o pai.

Como mãe ou pai, pode ser que você precise reconhecer abertamente os medos noturnos da criança. Também pode ser útil ter em mente que, assim como outros medos e fobias, os medos noturnos provavelmente emanam de uma projeção dos

---

5 Canção original: *Rock a bye baby, on the tree top, / When the wind blows, the cradle will rock, / When the bough breaks, the cradle will fall, / Down will come baby, cradle and all.* [N.T.]

sentimentos hostis originais relacionados à birra da criança. Quando esses sentimentos estão tão separados do que os origina, é muito difícil reconhecê-los como algo nosso. O sentimento de raiva original se transformou num medo irreconhecível que voltou para atacar no meio da noite. Mas a compreensão, logo de saída, do sentimento de raiva como parte da personalidade da criança pode ajudar muito a diluir esses medos e enquadrá-los numa perspectiva mais razoável.

Uma rotina reconfortante em que a criança vá para a cama sempre no mesmo horário todas as noites pode ajudá-la a se sentir a salvo e emocionalmente sustentada antes do sono.

A rotina de sono foi uma das primeiras coisas sobre as quais Annie falou quando começou a pronunciar algumas palavras. Ela gostava de prever o que viria a seguir, e, quando ainda estava no banho, pedia por sua "toalha quente", que sempre ficava pendurada sobre o aquecedor, à espera da menina. Um copo de leite e uma história para dormir encerravam o dia às sete da noite, em ponto.

Passar algum tempo tranquilo com o bebê nesse período do dia e fazer coisas simples e familiares são gestos que o ajudam a se sentir relaxado e confortável. A família de Peter e de Christine tinha uma rotina de sono que incluía um prato de frutas junto com histórias para dormir. Depois de contar uma história, a mãe de Beatrice sempre cantava uma canção de ninar. Cada família tem sua rotina, e é a regularidade da rotina que parece ser especialmente reconfortante na hora de dormir.

Claro, mesmo com rotinas, nenhuma casa será o tempo todo um oásis de paz na hora de ir para a cama. Em algumas ocasiões a toalha talvez seja jogada dentro da banheira, as frutas sejam esmagadas no carpete e a canção de ninar seja sufocada por acompanhamentos menos melodiosos. Estamos falando da vida real, afinal de contas. Mas há algo importante numa rotina útil e familiar com a qual podemos contar, independentemente do pandemônio que a precedeu, e que ajuda a manter a criança e a família unidas.

QUANDO CONSIDERAR O DESFRALDE

As tendências estão sempre mudando quando se trata do desfralde. O primeiro motivo de discussão parece ser o momento de começar. As gerações passadas tendiam a iniciar o desfralde mais cedo, com a expectativa de que as crianças pequenas já deveriam estar limpas e sequinhas no segundo aniversário. Hoje se costuma desfraldar mais tarde, observando o bebê e sentindo quando ele ou ela parece pronto para deixar as fraldas para trás e seguir adiante no processo de ser um pouco mais crescido.

Apesar disso, muitas vezes há pressões externas para começar o desfralde. Algumas mães e pais podem querer que o filho de cerca de dois anos participe de grupos de recreação por algumas horas, e essa costuma ser a idade mínima em vários deles. Porém, por mais que nesses grupos se esperem participantes desfraldados, ainda pode ser cedo demais para o seu bebê. Alguns grupos estão mais preparados para ajudar nesse aspecto, e esse pode ser um ambiente melhor para a criança.

Também pode haver a pressão externa de um novo bebê a caminho, que pode motivar a mãe e o pai a começarem o desfralde. A expectativa é de que não seja necessário lidar com fraldas de duas crianças ao mesmo tempo. Mas, na verdade, mesmo crianças desfraldadas podem responder a um novo bebê na família com uma insistência obstinada a voltar, ao menos por um tempo, a usá-las. Do mesmo modo, elas podem insistir em serem alimentadas por um adulto quando o novo bebê chegar, ainda que já comam com certa independência há algum tempo.

A lógica por trás dessas guinadas das crianças de um ano parece ser a de que aquele não seria o melhor momento para mostrar que têm alguma independência. Crianças pequenas muitas vezes ainda precisam ser tranquilizadas de que a mãe estará por perto para elas, de que cuidará de suas necessidades de bebê mesmo após a chegada do novo irmãozinho.

Mais uma vez, o momento certo para o desfralde está ligado a sentimentos de confiança. Não é algo que pode se estabelecer da noite para o dia, mas que precisará ser nutrido ao longo do tempo. Também há motivos práticos para tentar seguir o ritmo da criança para definir o momento de iniciá-lo. O sentimento geral entre mães e pais é de que, caso comecem cedo demais, o processo inteiro simplesmente demorará muito mais. Caso a criança esteja pronta, vocês poderão trabalhar juntos com o mesmo objetivo em mente.

A mãe de Keelan falou sobre a experiência de desfralde de seus três meninos. Ela contou que, com o primeiro filho, tudo pareceu durar uma eternidade. Em certo momento, ela se sentiu completamente desesperada e imaginou o filho como um adolescente de fraldas. Com o segundo bebê, o processo inteiro começou mais tarde, e tudo avançou mais rápido. Quando chegou a vez de Keelan, a mãe mal notou quando tudo aconteceu e, na verdade, sentiu que era como se a criança tivesse se desfraldado sozinha. Keelan parece ter tomado a decisão: tirou a fralda e tudo ficou mais ou menos resolvido.

Como crianças pequenas começam a sentir que estão preparadas para esse momento? É claro que elas precisam estar fisicamente prontas para segurar a bexiga e o intestino com o desenvolvimento do controle dos esfíncteres. Mas também precisam estar emocionalmente prontas, e isso é mais complicado.

Talvez ajude começar tentando entender o que as fraldas significam para o bebê. As fraldas têm sido uma garantia para eles, algo que acolhe coisas desagradáveis a serem resolvidas pelos pais. Simbolicamente, também representam como o bebê precisa que nós o acolhamos e resolvamos seus sentimentos desagradáveis. Quando as deixam para trás, os bebês precisam abandonar também uma garantia física confiável - e isso ao mesmo tempo que preservam o que as fraldas representam simbolicamente. A criança precisa confiar em si mesma para encontrar outro lugar para se desfazer desses dejetos desagradáveis, e também confiar que seus sentimentos bagunçados ainda poderão ser acolhidos com segurança pela mente da mãe e do pai. Ela deixa um tipo de garantia para trás e o substitui por outro. Mas, caso ainda não tenha segurança e confiança o bastante na ideia interna de um continente adequado, o bebê perderá uma garantia antes que tenha o suficiente para substituí-la.

Leva tempo desenvolver a confiança e o senso de segurança. Assim como encontrarão a própria hora de abandonar as fraldas, as crianças pequenas às vezes também ficarão possessivas com o conteúdo delas e num primeiro momento não vão querer ser trocadas ou limpas. Conforme trabalhem para serem mais independentes, elas podem sentir que gostariam de estar mais no controle também dessa área. É uma questão delicada que precisa de uma abordagem sensível, sobretudo porque é o desejo por mais independência e controle que acabará por motivá-las a abrir mão das fraldas de uma vez por todas. Enquanto isso, talvez seja preciso fazer algumas concessões para permitir que o bebê mantenha o máximo de dignidade possível.

Pode ser que seu bebê de um ano ainda não esteja se sentindo pronto para o desfralde, mesmo com a aproximação do segundo aniversário. Mas os sinais clássicos de mostrar quando a fralda está cheia, de ir para um lugar mais privado para enchê-la, de demonstrar interesse pelo vaso sanitário ou pelo penico (que por acaso está sempre por perto) ou de ficar nitidamente impaciente com as fraldas são indicações de que é hora de começar a pensar no desfralde. Alguns livros infantis excelentes introduzem o tema de um jeito criativo e divertido. Quando você chega ao estágio em que não sente pressões quanto ao assunto, e está confiante de que saberá quando o bebê parecer pronto, essa é provavelmente a melhor hora para começar.

5

MINHA PRÓPRIA VIDA

PARA ALÉM DA PORTA DA RUA

Tomar conta de seu bebê de um ano em casa pode ser exaustivo. Quando nossa rotina começa antes das seis da manhã e contemplamos toda a extensão que se apresenta diante de nós, pode ser surpreendentemente animador ter um lugar para onde ir em algum momento das próximas doze horas. A companhia de adultos pode ser um alívio bem-vindo e, seja você uma mãe, um pai ou um cuidador, o simples ato de sair de casa pode fazer enorme diferença no modo como você se sente sobre o seu dia. O bebê pode muito bem sentir a mesma coisa, e um dia fora é sempre uma aventura.

Há muitas coisas que você pode fazer fora de casa com seu bebê de um ano. A mãe de duas crianças estava à procura de uma babá. Uma jovem chamada Ulla, recomendada por uma amiga, chegou para conhecer a mãe e as crianças. Era uma manhã de chuva, e a mãe perguntou a Ulla o que ela poderia fazer com as crianças em um dia como aquele caso fosse contratada. Ulla respondeu que pegaria capas e botas de chuva e levaria as crianças para procurar poças de água em que pudessem pular. A mais velha ouviu isso e, como não é preciso dizer, Ulla começou a trabalhar naquela mesma tarde – e as crianças aproveitaram a chuva.

Fazer vínculos com outras pessoas das redondezas que tenham filhos da mesma idade é algo bom tanto para as crianças como para os adultos. A praça é um dos lugares favoritos, sobretudo se tiver um parquinho. Alguns parques têm uma cafeteria onde os adultos podem se encontrar. Outros oferecem oficinas de trabalhos manuais para crianças pequenas.

Ludotecas são atrações populares para crianças pequenas e costumam proporcionar um ambiente calmo e estimulante onde o bebê de um ano pode brincar até se fartar e, às vezes, encontrar outras crianças dos arredores. Grupos de recreação locais em que as crianças possam ser deixadas também são lugares ideais para encontrar colegas da mesma idade, e em geral oferecem brinquedos e atividades livres - além de disporem de áreas onde os adultos podem se sentar e tomar um café. Isso pode ser especialmente útil caso você tenha um bebezinho e precise manter a criança de um ano distraída enquanto amamenta. Quando a criança estiver mais acostumada com o novo ambiente, será maior a probabilidade de ela se tornar mais aventureira e se afastar de você. Ver seu bebê de um ano explorar esse tipo de ambiente é fascinante, e você poderá desfrutar até mesmo da facilidade relativa de, por alguns breves períodos, ser apenas um observador.

Crianças dessa faixa etária não chegam a brincar juntas, mas brincam lado a lado. O interesse que demonstram por pessoas do mesmo tamanho delas é maravilhoso de observar. Antes de começarem a brincar, elas normalmente encaram muito umas às outras, e talvez haja alguns braços se esticando e uns toques hesitantes. Uma vez ultrapassado esse tipo de ritual, elas tenderão, depois, a se interessar pelos brinquedos. Às vezes as crianças se deslocam pela área de brincadeira, pegam os brinquedos de que precisam e, conforme vão se engajando na própria brincadeira, até entregam coisas para outras crianças. Tudo correrá bem até que o impensável aconteça e alguma outra pessoinha tente pegar o brinquedo que estava com o bebê. É nesse momento que termina a pausa para o café dos adultos.

APRENDENDO A COMPARTILHAR

A vontade de compartilhar não é algo que surge naturalmente no bebê de um ano. É um comportamento adquirido, necessário para a integração num grupo social civilizado em que as necessidades de todos são reconhecidas como igualmente importantes. Para a maioria dos bebês de um ano que tenha um senso de autorrespeito, será um conceito alienígena. E pode ser uma lição difícil de aprender.

Dava para ver que Josie ficou contente quando a mãe anunciou que uma amiguinha estava vindo brincar com ela. A "amiga" chegou em casa conforme o esperado, e as crianças começaram a brincar com alguns brinquedos no chão da sala, ao lado das mães. Mas não demorou até ficar óbvio que todos os brinquedos haviam se transportado para uma área bem atrás de Josie, e ela parecia ter assumido a posição de guardiã deles. A amiga ficou sem nada com que brincar. A mãe foi buscar mais alguns brinquedos no andar de cima – com o cuidado de escolher apenas aqueles pelos quais Josie não se interessava tanto –, mas, para seu constrangimento, a filha berrou quando os brinquedos foram entregues à pequena visitante. Na vez seguinte que essa amiga veio brincar, algumas semanas depois, a mãe de Josie notou que ela havia trazido uma bolsa de brinquedos.

Já falamos sobre o brincar como exploração do mundo e sobre como o mundo do bebê começa com a mãe. O interesse do bebê por tudo o que não seja a mãe emana da capacidade de se interessar por ela; a partir daí, esse interesse pode ser levado adiante. Seguindo essa ideia, pode ser que a dificuldade de Josie em compartilhar não tenha a ver com os brinquedos em si, mas com o que simbolizam para ela. O que o bebê de um ano tem tanta dificuldade em compartilhar não são os objetos, e sim a ideia de compartilhar uma mãe querida com outra pessoa – é isso que a luta pelos brinquedos representa. O desejo possessivo – "quero todos vocês" – se refere em essência à relação do bebê com a mãe. Por exemplo, mães e pais muitas vezes perceberão que, caso haja um novo bebê a caminho ou recém-chegado, compartilhar brinquedos e posses pode ser especialmente difícil.

Para seguir adiante, é preciso perseverança. Ajudar crianças pequenas a compartilhar suas coisas as tornará mais populares com os amiguinhos, além de ser reconfortante para elas. Se sempre forem bem-sucedidas em agarrar tudo para si mesmas e em não compartilhar, elas acabarão se sentindo sobrecarregadas por sentimentos destrutivos e de culpa. Estabelecer fronteiras claras sobre o comportamento aceitável com outras crianças ajudará o bebê a sentir que a ganância e a possessividade estão sob controle e foram acolhidas por você.

Se houver um novo bebê em casa - ou previsto para chegar em breve -, pode ser necessário tranquilizar a criança de um ano de que a mamãe é suficiente para todos e de que ninguém será privado dela. A reconciliação com essa ideia e a chegada de um irmão podem ajudar no processo de aprender a compartilhar, sobretudo quando a criança pequena reconhece que você é perfeitamente capaz de pensar em todos os filhos.

COMO SE RELACIONAR COM AMIGOS

Apresentar o bebê a outras crianças é divertido para ele e também o ajuda a aprender a se relacionar com amigos. Esteja a postos para ajudar. Ajudá-lo não só a compartilhar os brinquedos, mas também a se comportar de modo aceitável. Bebês de um ano sempre vão querer fazer as coisas do jeito deles, mas logo aprenderão que mandar em todo mundo não vai levar as pessoas a gostar deles. E o mesmo vale para bater e outros tipos de agressão física. Há regras básicas de comportamento civilizado, e você o ajudará a fazer amigos se lhe ensinar as linhas gerais.

Em grupos de recreação, costuma se observar certo grau de movimentação pela sala, com mães carregando o filho até outra criança para pedir desculpas - isso é parte do aprendizado. Crianças que não estejam sendo levadas para lá e para cá tendem a ser as que mais machucam as outras. Isso pode fazer com que não sejam muito populares, ficando, portanto, em desvantagem. Nesse tipo de ambiente social, nunca é bom fazer vista grossa para comportamentos antissociais. Você perde uma oportunidade de ajudar o bebê a aprender como se relacionar com amigos. Se há um novo irmão ou irmã na família, essa é outra oportunidade excelente de seu bebê de um ano aprender a se relacionar com outras crianças de modo amigável.

Georgina tinha uma irmã mais nova, Amy. A mãe contou que Georgina, de um ano, atacava o novo bebê e comentou como isso a deixava chateada. A mãe não sabia o que fazer a respeito. Às vezes acontecia de ela só perceber os ataques quando já era tarde demais. O que havia começado como um carinho gentil de Georgina aos poucos se transformava em tapas. Lábios encostados por algum tempo na testa de Amy se transformavam em mordidas que faziam a irmã mais nova chorar de dor.

Quando não é percebida a tempo, a agressividade que está por trás desse tipo de ataque, além de não ser acolhida, parece ainda mais assustadora. Era preciso impedir Georgina de machucar Amy para que ela se sentisse segura contra a própria agressividade. A continuidade dos ataques chateava ainda mais a mãe, afastando-a um pouco mais da filha. Isso servia apenas para perpetuar a hostilidade de Georgina contra Amy. Por consequência, o sentimento de segurança apenas esporádica contra os sentimentos de agressividade eram uma ameaça contra todas elas. A família respondeu à situação com uma conversa: como Georgina algumas vezes gostava do bebê e outras vezes não. A mãe também fez um esforço particular para passar algum tempo a sós com a filha mais velha, oferecendo atenção especial à menina.

Todos os membros da família têm direito à proteção. Um novo bebê é particularmente vulnerável e, como no caso de Georgina, talvez seja esperar demais que o bebê de um ano fique sozinho num quarto com um novo irmão e consiga controlar ataques de ciúme. Assim como o filho mais novo precisa ser protegido contra ataques físicos, o bebê de um ano precisa ser protegido contra os próprios sentimentos agressivos.

Já discutimos como lidar com sentimentos de ciúme e de competição entre irmãos ao pensar no lugar do bebê na família. Um novo irmão pode trazer à tona sentimentos intensos que a criança de um ano precisará de ajuda para enfrentar. Um bom começo é deixar claro que existe diferença entre sentimentos e ações. Não há nada errado em se sentir contrariado, mas morder é, sim, um problema. Não há nada errado em sentir ciúme, mas bater é, sim, um problema. As linhas gerais do comportamento aceitável podem ser estabelecidas na família e, depois, ser transferidas para o contato com outras crianças fora dessa esfera. Tudo isso será uma boa forma de praticar pensando no futuro.

SEU FILHO NUM AMBIENTE LÚDICO MAIS ESTRUTURADO

Há outras atividades mais estruturadas às quais o bebê de um ano pode ser apresentado, como grupos de música e de movimento, de trabalhos manuais, de contação de histórias, de atividades físicas e assim por diante. Atividades desse tipo são conduzidas por professores e em geral exigem que você e o bebê se juntem a um grupo maior com um objetivo predeterminado. Isso já é em si uma conquista para uma criança tão pequena. Depois, o professor guiará o grupo e dará instruções. Com uma variedade de outros bebês de um ano no grupo, a experiência pode ser bastante divertida. Também é uma oportunidade para compreender melhor seu bebê num ambiente diferente, e você pode acabar percebendo coisas que não seriam tão óbvias em casa.

Um dos lugares favoritos de Helen era a biblioteca. A mãe a levava até lá todas as segundas-feiras à tarde, quando havia uma atividade especial de contação de histórias. A bibliotecária reunia crianças muito pequenas num grupo à sua frente e, então, lia um livro grande enquanto mostrava as ilustrações às crianças. Depois da leitura de algumas histórias, as crianças recebiam giz de cera e papéis para desenhar o que quisessem.

A mãe de Helen estava se sentindo preocupada porque a filha de um ano e dez meses se retraía quando encontrava outras crianças na casinha de brinquedo do parque ou na casa de outras pessoas. Mas, no ambiente tranquilo e estruturado da contação de histórias da biblioteca, algo diferente estava começando a acontecer. Helen passou a se aproximar de outras crianças de um modo que a mãe nunca tinha visto. Ela olhava para os desenhos das colegas e mostrava o que ela mesma havia desenhado.

Ao observá-la, a mãe entendeu que a filha preferia atividades silenciosas, calmas. Ela refletiu sobre a apreensão usual que Helen demonstrava quando estava com outras crianças. O que a deixava nervosa? Será que alguma coisa ligada às crianças a fazia se sentir em perigo? Como poderia ajudá-la nisso? Ao menos uma das questões parecia ter uma resposta em si mesma quando a mãe percebeu que Helen estava encontrando a própria voz e ganhando confiança naquele ambiente sossegado.

A mãe de Lois levava a filha para as reuniões de um centro de atividades para crianças todas as semanas. Era um grupo muito animado com uma professora cheia de energia e entusiasmo chamada Janice. As crianças (às vezes de mãos dadas com a mãe, o pai ou o cuidador) a seguiam pela sala, estourando bolhas de sabão tão rápido quanto a professora conseguia soprá-las numa máquina gigante de fazer bolhas. Depois havia percursos com obstáculos a serem contornados, roupas diferentes para vestir, chapéus para pôr na cabeça, uma tenda gigante sob a qual se esconder e muitos outros jogos para brincar. Lois, com apenas um ano e onze meses, participava de tudo com uma alegria visível, contudo a mãe percebeu que uma brincadeira em especial sempre deixava a filha um pouco hesitante.

Janice pegava uma bolsa enorme cheia de bolas coloridas e as despejava todas no chão. A professora então apanhava uma bola com uma cor em particular e pedia às crianças que recolhessem todas as que fossem iguais e a guardassem numa cesta. As crianças corriam para lá e para cá recolhendo as bolas, apressadas em pôr tudo no lugar certo. Lois, no entanto, parecia encarar essa tarefa com grande consternação. A mãe tinha a impressão de que a filha entendia o que era para fazer. Ela encontrava uma bola, mas se deslocava até o objeto de um jeito quase deliberadamente lento, de forma que a bola sempre acabava sendo agarrada por outra criança. Em vez de ficar chateada com isso, Lois então parecia ficar completamente absorvida assistindo ao que as outras crianças faziam, como se aquilo fosse uma atividade muito mais interessante do que o jogo em si. Lutando contra a tentação de derrubar alguma das outras crianças de um ano e de proteger uma bola para que Lois pudesse voltar ao jogo, a mãe começou a perceber algo a respeito da filha e da personalidade dela.

O que acontecia no jogo com as bolas? A mãe de Lois não tinha uma resposta clara, mas sim várias perguntas. O que deixava Lois tão consternada? Seria o ritmo do jogo, com as bolas coloridas se espalhando por toda parte e, depois, o fato de ter que correr para pegar uma delas? Será que a instrução de escolher a bola da cor certa era demais para ser absorvida de uma vez? Ela tinha algum medo da possibilidade de confrontar outra criança que talvez quisesse a mesma bola? Ou será que era um medo subjacente, ligado à própria agressividade competitiva em potencial, que impedia Lois de ir atrás da bola e a fazia se concentrar na exploração desse tipo de competitividade nas outras crianças durante a brincadeira?

A mãe de Daniel passou por uma situação diferente. Decidiu levar o filho de um ano e oito meses para um grupo de música local conduzido por uma musicista chamada Sudah. Infelizmente, as aulas do grupo começavam no meio da soneca da tarde de Daniel, que, assim, caiu no sono no carrinho no caminho de ida e dormiu durante toda a primeira hora. A mãe resolveu ficar, imaginando que ele poderia acordar, e aproveitou a oportunidade para ver como o grupo funcionava. Havia muito canto, palmas, ações a serem repetidas e instrumentos musicais para serem tocados. Mas o ponto alto foi quando Sudah pegou um grande tambor de mão cuja pele era enfeitada com uma espiral colorida hipnotizante. Naquele momento, todos fizeram silêncio. Sudah convidou as crianças a chegarem perto, uma de cada vez, para bater no tambor com uma vareta. Algumas crianças ousaram se aproximar com grande cerimônia. Uma mãe comentou com a mãe de Daniel que o filhinho já participava do grupo fazia alguns meses, mas só agora tinha tentado bater no tambor. Na semana seguinte, Daniel pulou a soneca e bateu no tambor com bastante força, de modo que até mesmo Sudah pareceu surpresa.

Ainda que tenha ficado contente quando o filho bateu no tambor, a mãe de Daniel se pôs a refletir sobre a força usada. Alguma coisa relacionada àquilo fez com que ela relatasse um hábito do filho que começara em algum estágio da amamentação, quando o menino agarrava o dedo mínimo dela e o segurava com muita ternura enquanto mamava. Esse hábito continuava e, agora, com o menino com um ano e dez meses, ainda se manifestava, mas com variações. Quando estava perto da mãe, Daniel pegava o "dedo petico" dela com a mão e começava a acariciá-lo e a apertá-lo com gentileza. Isso se seguia por algum tempo, até que por fim um apertão não tão gentil obrigava a mãe a tirar a mão.

A mãe de Daniel também tinha muitas perguntas. Para começo de conversa, ela se perguntava por que ele fazia aquilo. O que transformava uma carícia gentil em algo bruto e doloroso? Estaria ligado à força com que ele bateu no tambor? Seria algo positivo? Poderia o bebê estar mostrando como era capaz de experimentar sentimentos ambivalentes – amorosos de um lado, hostis de outro? Será que ele se sentia assim com relação à mãe? Teria algo de doloroso na dependência desses sentimentos amorosos? Seria por isso que a carícia era deixada de lado e dava lugar a algo menos amigável?

Ficar curioso a respeito da criança e se fazer inúmeras perguntas são caminhos para entender sua personalidade. Perceber o que lhe agrada, seguir as pistas, desenvolver uma imagem mental dela e continuar a construir com base nisso, dia após dia – tudo isso a ajudará a se tornar conhecida por você. Observar a criança pequena num ambiente mais estruturado muitas vezes pode nos ajudar a ver com o que ela é capaz de lidar e o que acha mais difícil. Também pode ser animador para mães e pais perceberem os tipos de circunstância em que os bebês desabrocham. Além de nos ajudar a entender a criança, a experiência de estar num ambiente mais estruturado permitirá ao bebê de um ano - com a sua ajuda - acostumar-se mais gentilmente ao tipo de ambiente onde, em algum momento, ele ou ela terá que se virar sem que você esteja por perto.

CONCLUSÃO
OLHAR ADIANTE COM CONFIANÇA

Começamos pensando como poderíamos nos imaginar na mente de um bebê de um ano. Capturar a essência da experiência da criança - tentar entendê-la - não satisfaz apenas nossos desejos como mãe ou pai, mas também as necessidades emocionais da criança em ser compreendida e em ter os sentimentos acolhidos. É um processo profundamente criativo, cheio de empatia e infinitamente desafiador. Às vezes, as exigências dessa tarefa podem parecer sufocantes, e ter nosso próprio apoio emocional fará tremenda diferença. Claro, nunca é demais lembrar o valor de tudo o que você está fazendo. A compreensão da mãe ou do pai permite que as crianças sejam conhecidas como realmente são e as ajuda a se sentirem ancoradas na própria personalidade.

O processo de compreensão e os canais de comunicação entre cuidadores e criança estão lá desde o começo. Isso não depende de palavras - inglês, português ou o que quer que seja -; tem a ver sobretudo com o estado mental de estar aberto ao bebê. Sustentar e acolher a experiência dele em nossa mente é algo que envolve um cuidado amoroso. Nesse contexto, os mundos da linguagem e da imaginação do bebê se desenvolvem lado a lado. As histórias - as do próprio bebê e as de outras crianças - se tornam uma parte valiosa da vida. Por volta dessa mesma época, ele ou ela pode estar dando os primeiros passos tanto física como emocionalmente, e sua confiança está sendo construída.

O valor da exploração e da curiosidade do bebê tem implicações de longo alcance. Tudo começa com a exploração da mãe e, depois, se expande para o mundo de forma mais ampla. A hora de brincar, com toda sua alegria e diversão, alarga ainda mais esse escopo, conforme sentimentos e ansiedades são explorados e acolhidos na arena do brincar. O interesse do bebê em continentes - algo que você verá se manifestar inúmeras vezes no brincar - reflete a necessidade de acolhimento emocional à medida que ousa se concentrar em objetivos mais distantes. Jogos com a imaginação abrem o mundo ainda mais e ajudam a criança a desbravar suas paisagens internas. Ao mesmo tempo, podem levá-las a explorar com segurança o que quer que esteja acontecendo na realidade externa.

Famílias diferentes em uma série de situações diferentes oferecem outros campos férteis para descobertas, à medida que o relacionamento do bebê com parentes passe a ser cada vez mais importante. O bebê também vai explorar ideias em sua própria mente, e a concepção de um casal parceiro pode estar começando a criar raízes em meio às fantasias edípicas com o pai ou a mãe. À medida que a vida familiar segue seu curso, com refeições em família como um ponto de referência frequente, o bebê continuará suas explorações na arena dos novos sabores e texturas de comida. Dificuldades com sentimentos de pequenez e dependência podem se vincular intimamente à relação histórica da dependência de alimentação entre mãe e bebê. Crianças pequenas podem precisar tomar algumas decisões empoderadoras por conta própria - talvez sobre o cereal do café da manhã - para contrabalançar essa posição.

Conforme essas escolhas sejam feitas e o bebê de um ano se torne mais assertivo, a personalidade dele começará a se cristalizar. O desenvolvimento de um senso de identidade individual se tornará prioridade. Se o bebê de um ano for o primogênito ou tiver nascido numa família maior, o lugar dele ou dela na família terá consequências particulares, e esse lugar pode estar sujeito a mudanças. Um bebê recém-nascido na família é um evento gigantesco e será uma ocasião que afetará profundamente uma criança pequena. Assim como têm opiniões sobre outros assuntos, as crianças pequenas terão as próprias ideias sobre isso – sobre o lugar em que o novo bebê deverá dormir, por exemplo. Respeitar a opinião do bebê de um ano e permitir que haja ideias diferentes na família também significa sustentar nossa própria posição. Às vezes, a melhor coisa para o seu bebê é ouvir um "não" definitivo. Mas ele ou ela pode começar a fazer birra por isso. Fronteiras claras e um manejo cuidadoso ajudarão nos ataques de birra das crianças pequenas. Compreensão e acolhimento também abrandarão os medos que podem surgir dessas emoções tão intensas ligadas à birra. Sentimentos de raiva e de frustração que sejam projetados para fora, para o mundo, podem voltar com tudo para assombrar o bebê de um ano. Com a ajuda de uma perspectiva adulta mais equilibrada, ele ou ela precisará que esses medos e fobias sejam acolhidos e reconhecidos como aquilo que de fato são. Desse modo, eles vão diminuir e, aos poucos, sair de cena.

O maior medo do bebê, no entanto, é estar longe de você. Reconhecer o valor de separações breves não equivale a mostrar falta de consideração pela dor do bebê em estar afastado de você. A dor está ali em função da profundidade do amor dele ou dela. É a dor da intimidade, que é negada e rejeitada com um grande custo emocional. Quando seus olhos estão abertos para perceber isso e acolher a dor no lugar da criança, ele ou ela será mais capaz de expressá-la e, assim, de continuar atento a esses sentimentos. A capacidade do bebê de reter uma ideia proveitosa e segura a respeito da mãe ou do pai o acompanhará ao longo dos muitos tipos diferentes de "até logo". O desenvolvimento dessa ideia depende da confiança, e tudo o que você puder fazer para construí-la será de grande ajuda. As conquistas da hora de dormir e do desfralde também estão ligadas à confiança crescente do bebê. Tudo tem seu tempo.

Por fim, pensamos sobre o mundo do bebê do lado de fora de casa e sobre os benefícios de se envolver em diferentes grupos sociais. Aprender a compartilhar e a se relacionar com um amigo são formas de ajudar o bebê de um ano à medida que ele ou ela avança para o início de uma vida mais independente. Trata-se de passos corajosos, e cada um deles é dado com algum custo emocional – está sempre presente a questão do que pode acabar sendo deixado para trás. Mas seguir adiante é algo repleto de otimismo e aventuras. Observar a criança pequena num ambiente lúdico mais estruturado pode oferecer oportunidades adicionais para compreendê-la e ajudá-la em cada novo passo que ela seja destemida o suficiente para dar.

Chegamos ao fim com muitas perguntas de mães sobre o próprio filho, porque a realidade é essa. Toda mãe ou pai se vê na mesma posição quando se trata do próprio filho, e é raro que as respostas sejam suficientes para suprir a demanda das perguntas. Por mais que as mães e os pais tentem entender seu bebê de um ano, a tarefa jamais será concluída. Assim como os adultos, as crianças têm pensamentos que nunca poderão ser conhecidos por completo. Mas fazer perguntas e ser curioso são as únicas formas de seguir adiante. Se você conseguir fazer isso com seu bebê e, mesmo reconhecendo que nem sempre terá a resposta, mantiver interesse suficiente para continuar a fazer perguntas, você também estará instilando nele a ideia atraente do interesse e da curiosidade como um modo de vida. Seu bebê está começando a vida num mundo mais amplo. Um mundo cheio de incógnitas para ele ou para ela. Se você conseguir tolerar a falta de respostas e sobreviver, então, em alguma medida, também estará ajudando a criança pequena a tolerar essa mesma experiência. Isso não nos impede de continuar a busca.

Mais adiante, haverá momentos em que você não estará com o bebê. Conforme ele ou ela cresça, passar mais horas longe de você será um avanço natural e positivo. O que mães e pais querem para o filho é que ele ou ela consiga dar esse passo com confiança, olhando para a frente com esperança. Você tem trabalhado desde os primeiros momentos tendo em vista esse estado mental. Não é um tipo de independência igual a quando nosso filho ou filha nos larga e faz as coisas por conta própria. Em vez disso, envolve a confiança em figuras parentais prestativas – um casal parceiro –, e também uma dependência em relação a, à medida que essas figuras gradualmente se estabeleçam nas raízes da personalidade da criança. Com o tempo, essas figuras prestativas e confiáveis podem se tornar os recursos internos da própria criança, que estarão lá para guiá-la e encorajá-la por toda a vida.

Com tão pouca idade, o bebê de um ano está o tempo todo construindo recursos internos como esse. Ele ou ela contará com você para as reiteradas garantias e confortos que constroem a confiança nessa ideia interna útil. Caso consiga criar raízes, essa boa ideia sempre estará lá para nutrir emocionalmente a criança nos anos que virão, para encorajá-la a alcançar todo seu potencial. Em essência, é uma ideia repleta de otimismo e esperança no futuro.

LEITURAS COMPLEMENTARES

Sobre seu filho de um ano

DAWS, Dilys. *Through the Night: Helping Parents and Sleepless Infants*. London: Free Association Books, 1989.

DUARTE, Luiz Fernando Dias. "Horizontes do indivíduo e da ética no crepúsculo da família", in *Família em processos contemporâneos: inovações culturais na sociedade brasileira*. São Paulo: Loyola, 1995, pp. 27-41.

FONSECA, Claudia. "Crianças, seus cérebros… e além: reflexões em torno de uma ética feminista de pesquisa". *Revista Estudos Feministas*, v. 27, n. 2, 2019, pp. 1-14.

FRAIBERG, Selma H. *Os anos mágicos: compreender e lidar com os problemas da primeira infância* [1959], trad. Álvaro Cabral. São Paulo: Brasiliense, 1980.

HARRIS, Martha. *Crianças e bebês: à luz de observações psicanalíticas* [1975]. São Paulo: Vértice, 1988.

SCHUCH, Patrícia; RIBEIRO, Fernanda Bastos & Claudia FONSECA. "Infâncias e crianças: saberes, tecnologias e práticas". *Civitas: Revista de Ciências Sociais*, v. 13, pp. 205-20, 2013.

STRATHERN, Marilyn; SANTARRITA, Marcos & Maria Luiza HEILBORN. "Necessidade de pais, necessidade de mães". *Estudos Feministas*, v. 3, n. 2, pp. 303-29, 1995.

WINNICOTT, Donald W. *O brincar e a realidade* [1971], trad. Breno Longhi. São Paulo: Ubu Editora, 2019.

___. *Bebês e suas mães* [1987], trad. Breno Longhi. São Paulo: Ubu Editora, 2020.

___. *Falando com pais e mães* [1993], trad. Álvaro Cabral. São Paulo: Ubu Editora, 2023.

Para seu filho de um ano

BELINKY, Tatiana & Silvana RANDO. *O grande rabanete*. São Paulo: Moderna, 2017.

CARLE, Eric. *Uma lagarta muito comilona* [1969], trad. Renato Moriconi. São Paulo: Companhia das Letrinhas, 2025.

___. *Uma aranha muito ocupada* [1985], trad. Thiago Neri. São Paulo: Callis, 2018.

PRATA, Antonio & Talita HOFFMANN. *Jacaré não!*. São Paulo: Ubu Editora, 2016.

ROCHA, Ruth & Mariana MASSARANI. *A arca de Noé*. São Paulo: Salamandra, 2009.

WOOD, Audrey & Don WOOD. *A casa sonolenta* [1984], trad. Gisela Maria Padovan. São Paulo: Ática, 2002.

ZIRALDO. *Flicts*. São Paulo: Melhoramentos, 2000.

SOBRE OS AUTORES

SARAH GUSTAVUS-JONES é psicoterapeuta de crianças e adolescentes formada pela King's College London. Reconhecida por sua atuação na Clínica Tavistock e no Great Ormond Street Hospital, atualmente atua como psicoterapeuta e supervisora na NHS Foundation Trust e é professora na Clínica Tavistock.

MARCELO CIPIS nasceu em São Paulo, em 1959. Formado em arquitetura pela FAU-USP em 1982, é artista e um grande ilustrador, com mais de trinta livros publicados. Participou dos Salões de Arte Contemporânea de São Paulo nos anos 1980 e da 21ª Bienal de São Paulo em 1991, além de outras mostras no Brasil e no exterior. Recebeu o prêmio Jabuti de Ilustração em 1994 e uma bolsa da Pollock-Krasner Foundation em 2000.

COLEÇÃO ENTENDENDO SEU FILHO

Criada pela Clínica Tavistock, uma referência internacional em desenvolvimento infantil, saúde mental e psicoterapia com crianças e famílias, a coleção Entendendo seu Filho é um guia sensível, sem fórmulas prontas, julgamentos ou idealizações, para acompanhar os cuidadores no dia a dia com sua criança - dos primeiros dias do bebê até as descobertas dos cinco anos de idade. Em cinco volumes, as autoras compartilham situações reais, exemplos tirados do cotidiano do consultório e da escola, que espelham dúvidas e emoções tão comuns quanto difíceis de nomear, como insegurança, cansaço, ternura, frustração, alegria, medo, desejo.

Publicados originalmente na Inglaterra, os textos foram atualizados para o contexto brasileiro, com notas e prefácios de especialistas em infância de áreas como psicanálise, pediatria e educação, com coordenação de Luciana Pires.

Uma leitura essencial para mães, pais, parentes, amigos e cuidadores — não só os de primeira viagem —, assim como para os diversos profissionais que trabalham em conjunto para oferecer apoio às crianças e às famílias.

Entendendo seu bebê
Sophie Boswell
Entendendo seu filho de um ano
Sarah Gustavus-Jones
Entendendo seu filho de dois anos
Lisa Miller
Entendendo seu filho de três anos
Louise Emanuel
Entendendo seu filho de quatro a cinco anos
Lesley Maroni

Dados Internacionais de Catalogação na Publicação (CIP)
Elaborado por Vagner Rodolfo da Silva CRB-8/9410

T234e Tavistock, Clínica; Gustavus-Jones, Sarah
Entendendo seu filho de um ano/Sarah Gustavus-Jones/Clínica Tavistock; título original: *Understanding your one-year-old*; tradução de Humberto do Amaral; ilustrações de Marcelo Cipis; coordenação da edição brasileira de Luciana Pires; prefácio de Jonathan Bradley; prefácio à edição brasileira de Florencia Fuks e Luiz Guilherme Florence.
São Paulo: Ubu Editora, 2025./128 pp./Coleção Entendendo seu Filho
ISBN 978 85 7126 202 7

1. Psicologia do desenvolvimento da criança.
2. Infância. 3. Cuidado. 4. Desenvolvimento infantil. 5. Relação familiar. 6. Pais.
I. Gustavus-Jones, Sarah. II. Amaral, Humberto do.
III. Cipis, Marcelo. IV. Fuks, Florencia. V. Florence, Luiz Guilherme. VI. Título

2025-4107 CDD 155.4 CDU 159.922.7

Índice para catálogo sistemático:
1. Psicologia do desenvolvimento da criança 155.4
2. Psicologia do desenvolvimento da criança 159.922.7

Título original: *Understanding your one-year-old / Understanding Your Child Series*

edição Florencia Ferrari e Gabriela Ripper Naigeborin
leitura crítica Marcelle Schimitt
preparação Cristina Yamazaki
revisão Cláudia Cantarin
design de capa Elaine Ramos
composição Julia Paccola e Ana Lancman
tratamento de imagem Carlos Mesquita

EQUIPE UBU
direção Florencia Ferrari
direção de arte Elaine Ramos; Julia Paccola e Ana Lancman (assistentes)
coordenação Isabela Sanches
coordenação de produção Livia Campos
editorial Gabriela Ripper Naigeborin e Maria Fernanda Chaves
comercial Luciana Mazolini e Anna Fournier
comunicação/circuito ubu Maria Chiaretti, Walmir Lacerda e Seham Furlan
design de comunicação Marco Christini
gestão circuito ubu/site Cinthya Moreira, Vic Freitas e Vivian T.

UBU EDITORA
Largo do Arouche 161 sobreloja 2
01219 011 São Paulo SP
ubueditora.com.br
professor@ubueditora.com.br
/ubueditora

fonte Habitas
papel Pólen bold 90 g/m²
impressão e acabamento Ipsis

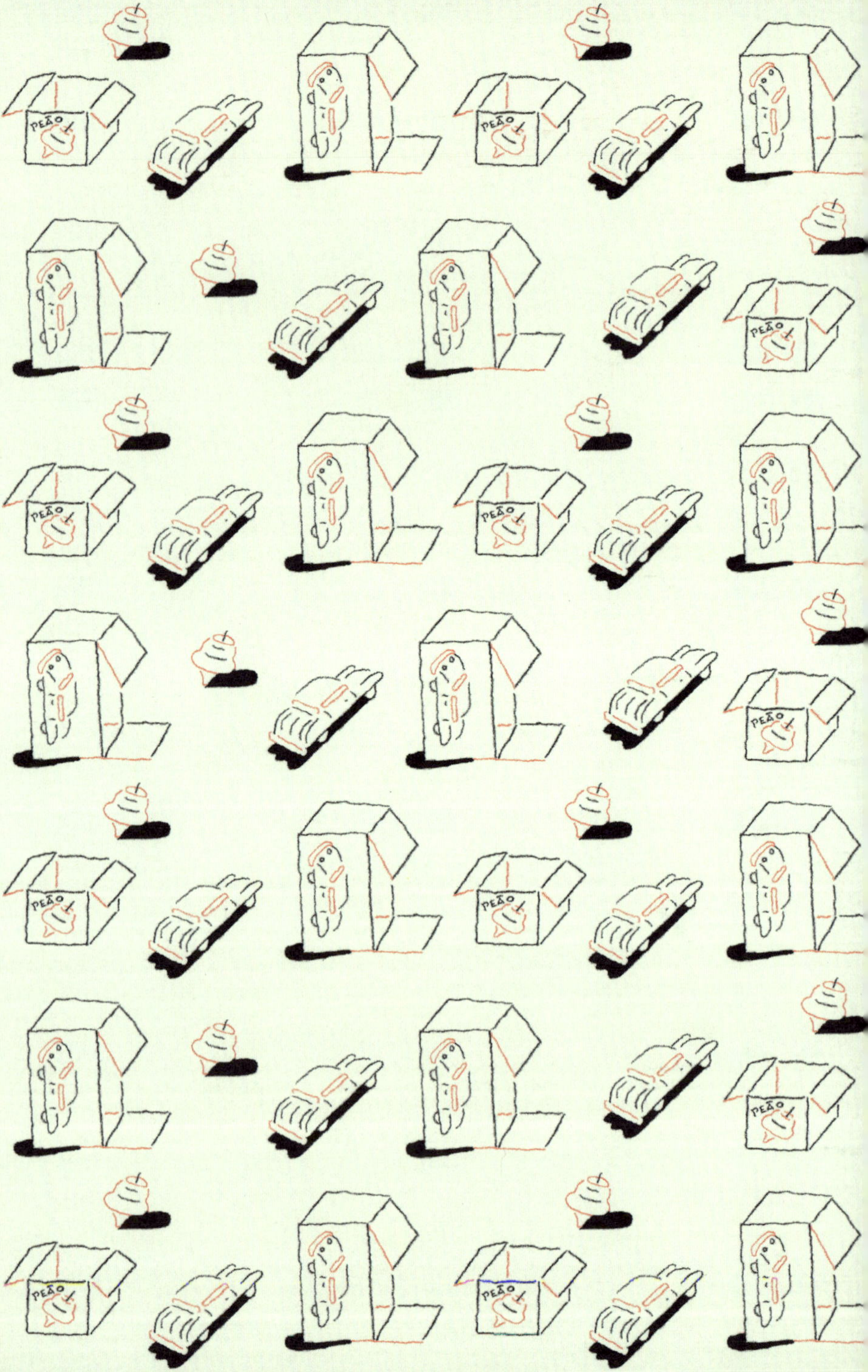
PEÃO